기도는 호흡이다

# 기도는 호흡이다

초판 1쇄 인쇄일 2021년 12월 10일
초판 1쇄 발행일 2021년 12월 17일

**지은이** 한수균
**펴낸이** 양옥매
**디자인** 표지혜 김영주
**교  정** 허우주

**펴낸곳** 도서출판 책과나무
**출판등록** 제2012-000376
**주소** 서울특별시 마포구 방울내로 79 이노빌딩 302호
**대표전화** 02.372.1537  **팩스** 02.372.1538
**이메일** booknamu2007@naver.com
**홈페이지** www.booknamu.com
ISBN 979-11-6752-081-4(03230)

# 기도는 호흡이다

● 한수균 지음 ●

책과나무

≋

"항상 살아 계셔서 우리를 위해 보호해 주시는 하나님."
'내가 하나님 앞에 영으로 기도하고 마음으로 기도하고 찬송
하리로다.'

아내는 일어나 눈을 뜨면 하루 첫 시간을 하나님 앞에 기도하
고 하나님 말씀을 보는 것으로 시작합니다. 그리고 저와 둘이
서 우리동네 뒷산을 산책하며 하나님 말씀을 나눕니다. 어느
날 하나님 말씀을 나누는 중 아내가 "기도는 호흡이다."라고
말했습니다. 그 말이 제 마음속에 새겨졌습니다. 기도란 무엇
인가를 새롭게 인식시켜 줬습니다.

"기도는 호흡이다."
호흡은 숨을 쉬는 것이고 살아 있다는 증거입니다.
사람은 숨을 쉬지 않으면 죽은 것입니다.
그리스도인은 기도하지 않으면 죽은 자입니다.
기도는 목숨이 다하는 날까지 쉬지 않고 해야 하는 것이구나

생각하면서 기도했습니다. '기도는 하나님께 우리가 필요로 하는 것을 구하는 것입니까? 아니면 무엇입니까?' 하나님께 물었습니다. 하나님께서는 '기도는 하나님의 계획과 하나님이 뜻하는 일에 너를 동참하게 하려는 것이다.' 말씀하셨습니다. 그리고 호흡이 있는 자마다 여호와를 찬양하고 기도하라고 하셨습니다.

제 자신도 기도가 부족하고 서툴고 기도의 필요성을 느끼지 못하는 때가 있지만 기도란 무엇인가를 생각하면서 써 보았습니다. 특히 개역개정판 성경을 많이 인용해서 제 생각을 담지 않으려고 애쓰면서 썼는데 잘못 인용한 부분이나 해석을 잘못한 부분이 많이 있을 수 있습니다. 그리고 하나님의 뜻과 의, 자기부인, 낮은 자, 내려놓음, 하나님 마음에 합한 자 등등 수없이 반복해서 쓰고 있는데 그것은 기도해야 하는 이유를 강조하다 보니 그렇습니다. 양해를 바랍니다.

『기도는 호흡이다』를 함께 나누며 기도의 의미를 깨닫고, 올바른 기도를 통하여 하나님과 교통함으로써 하나님을 닮아가려는 마음과 열정을 가지고 하나님 나라의 상속자가 되며 복이 있는 사람이 되기를 소망합니다.

    "복이 있는 사람은 악인들의 꾀를 따르지 아니하며 죄인들의 길에 서지 아니하며 오만한 자들의 자리에 앉지 아니하고 오직 여호와의 율법을 즐거워하여 그의 율법을 주야로 묵상하는도다.

그는 시냇가에 심은 나무가 철을 따라 열매를 맺으며 그 잎사귀가 마르지 아니함 같으니 그가 하는 일이 다 형통하리로다."
(시 1:1~3)

하나님이 우리에게 주신 것은 두려워하거나 미워하는 마음이 아니고, 하나님의 능력과 사랑하는 마음을 주셨으니 오직 하나님의 능력으로 서로 사랑하며 복음과 함께 살라고 하십니다.


세상 풍습을 따라 살지 않고
믿음을 지키기 위해서
하나님의 말씀을 주야로 묵상하고
기도하고
세상으로부터 고난받을 때는 서로 위로하면서
늘 기뻐하며 즐거워하며
호흡이 멈추는 날까지
기도합시다.
하나님의 축복이 있습니다.

# 차례

2부

# 기도하는 사람

# 1부

# 기도

# 기도

나는 기도하고 하나님은 일하신다
기도는 하나님의 은혜와 지혜를 구하는 것이다

하나님이 우리의 형편을 알고 계시지만 우리에게 듣고 싶은
것이 있어서 기도하라고 하신다. 기도하라.

> "하나님이여 주의 이름으로 나를 구원하시고 주의 힘으로 나를
> 변호하소서. 하나님이여 내 기도를 들으시며 내 입의 말에 귀를
> 기울이소서"(시 54:1~2)

> "여호와의 눈은 의인을 향하시고 그의 귀는 그들의 부르짖음에
> 귀 기울이시는도다."(시 34:15)

기도는 하나님의 계획과 선하신 뜻이 어디에 있는지 살피고
구하는 것이다.
기도는 그리스도를 주님으로 시인하고 자신의 주인을 바꾸는

것이다. 기도는 내 안에 보이지 않고 가려져 있는 비밀을 숨김
없이 하나님 앞에 고백하고 드러내는 시간이고 하나님께서 내
고백을 들으시고 기억하시며 서로 약속하는 시간이다. 이것이
되면 나머지 내가 구하는 것은 저절로 이루어진다. 기도를 통
해서 경험하자. 기도는 예수님 안에서 하나님과 친밀함을 누
리는 축제의 시간이고 함께 호흡하는 시간이다.
신부 된 우리가 신랑 되신 하나님을 만나는 잔치이다.

> "나더러 주여 주여 하는 자마다 다 천국에 들어갈 것이 아니요
> 다만 하늘에 계신 내 아버지의 뜻대로 행하는 자라야 들어가리
> 라."(마 7:21)

기도는 하나님의 일이다. 하나님이 일하심은 그분의 뜻을 이
루어 가는 것인데 그것이 우리의 구원이다. 우리가 하나님을
믿고 행함이 있으면 하나님의 은혜로 구원을 받는다.

구원은 보이지 않는다. 보지 못하는 것을 받으려면 기도와 함
께 참음으로 하나님의 선하심을 기다릴 줄 알아야 한다. 그러
나 우리의 기도는 원하는 것을 이루고 필요한 것을 얻고 내가
원하는 응답을 받으려고 하는 열망과 욕심으로 가득 차 있다.
그리고 빨리 응답받기를 원한다. 기도를 통해 원하는 바가 이
뤄지는 것이 기도의 축복이라고 생각한다. 기도를 들어주지

않으면 좌절하고 기도를 안 하거나 기도 시간을 줄인다.

하나님은 도깨비방망이가 아니다. 우리는 기도의 초점을 잘 못 맞추고 기도한다. 기도는 하나님께 내 마음을 알리기 위한 수단이 아니다. 하나님께서는 이미 우리의 마음을 알고 계시기 때문에 "기도할 때 외식하는 자같이 하지 말라. 기도할 때 골방에 들어가 문을 닫고 은밀한 중에 하나님께 기도하라. 이방인과 같이 중언부언하지 말라." 하셨다.
사람에게 보이려고 회당과 큰길 어귀에서 기도하지 않아도, 말을 많이 하여야 들으실 줄로 생각하지 않아도 은밀한 중에 하나님은 들으시고 구하기 전에 있어야 할 것을 아시고 갚으신다고 하시며「이렇게 기도하라」하신다.

"하늘에 계신 우리 아버지여 이름이 거룩히 여김을 받으시오며 나라가 임하오시며 뜻이 하늘에서 이루어진 것 같이 땅에서도 이루어지이다.
오늘 우리에게 일용할 양식을 주시옵고 우리가 우리에게 죄지은 자를 사하여 준 것 같이 우리 죄를 사하여 주시옵고 우리를 시험에 들게 하지 마시옵고 다만 악에서 구하시옵소서. 나라와 권세와 영광이 아버지께 영원히 있사옵나이다."
아멘.

기도는 호흡이다

하나님이 가르쳐 주신 기도는 우리의 입장과 관점에서 하나님의 마음을 변화시키기 위해서 하는 것이 아니다. 우리의 마음을 하나님 마음에 합하는 것이다. 하나님은 우리를 하나님의 열매가 되게 하시려고 자기의 뜻을 구하고 뜻을 따라 진리의 말씀으로 살라 하신다. 그리하면 하늘에서 이루어진 것같이 땅에서도 이루어진다고 말씀하신다.

기도는 하나님의 은혜를 구하고 지혜를 구하고 내 구원을 이루어가기 위한 것이지 우리의 삶의 목적을 달성하기 위해 필요한 수단이 아니다. 우리가 구하여도 받지 못함은 우리의 정욕을 위해 잘못 구하기 때문이다. 그러나 하나님의 뜻을 구하고 하나님께 의존하고 하나님의 절대주권을 신뢰하고 겸손한 마음으로 다가갈 때 더 큰 은혜를 주시고 기도를 들어주신다고 말씀하신다. 우리들이 기도를 통해서 하나님의 형상과 성품을 닮길 원한다.

"시험에 들지 않게 깨어 있어 기도하라 마음에는 원이로되 육신이 약하도다 하시고."(마 26:41)

우리는 육신이 약해서 혼자서는 감당하기 힘들기 때문에 쉽게 시험에 들 수 있다. 항상 깨어서 기도하자.

"너희가 내게 부르짖으며 내게 와서 기도하면 내가 너희들의 기도를 들을 것이요. 너희가 온 마음으로 나를 구하면 나를 찾을 것이요 나를 만나리라"(렘 29:12~13)

하나님은 나를 감찰하여 살펴보셨으므로 나의 모든 것을 다 아시는 하나님이시다. 하나님은 나의 생각도 아시고 나의 모든 행동도 아시고 알지 못하는 것이 하나도 없으시다. 하나님께 나가서 온 마음을 다하여 기도할 때 하나님을 만날 것이다. 하나님의 계획과 마음이 내 마음과 생각이 같을 때 내 기도를 들을 것이요 이루어 주시고 지켜 주실 것이다.

"나는 참 포도나무요 내 아버지는 농부라 무릇 내게 붙어 있어 열매를 맺지 아니하는 가지는 아버지께서 그것을 제거해 버리시고 무릇 열매를 맺는 가지는 더 열매를 맺게 하려 하여 그것을 깨끗게 하시느니라."(요 15:1~2)

"나는 포도나무요 너희는 가지라 그가 내 안에 내가 그 안에 거하면 사람이 열매를 많이 맺나니 나를 떠나서는 너희가 아무것도 할 수 없음이라."(요 15:5)

"여호와를 찬송함이여 내 간구하는 소리를 들으심이로다. 여호와는 나의 힘과 나의 방패시니 내 마음이 저를 의지하여 도움을 얻었도다."(시 28:6~7)

기도는 내 모든 것이 포도나무의 가지처럼 하나님께 붙어서 의존한다는 표현이다. 내가 하나님께 붙어 있을 때 우리의 삶이 고난과 고통 속에서도 버틸 수 있고 좋은 열매를 맺을 수 있다. 기도하면 하나님께 붙어 매여 사는 것 같지만 진리 안에서 더 자유함을 누리며 살 수 있다. 기도를 통하여 하나님이 주시는 그 큰 은혜와 사랑을 찬미하기 때문이다.

주기도문의 "오늘 우리에게 일용할 양식을 주시옵고"가 하나님과의 관계를 표현하는 대표적인 기도다.
즉 갓난아기들같이 엄마를 의존하고 신령한 젖을 사모하는 것처럼 의지하는 것이 기도다.
하나님을 믿고 기도하는 사람은 사람에게와 세상에서는 버림 받은 사람이 되고 무명한 사람이 될지라도 하나님께 택함을 받은 자, 보배로운 자, 존귀한 자가 된다. 기도하는 사람은 세상에서는 부당한 대우를 받고 고난을 받아도 하나님을 생각함으로 슬픔과 고난을 참는 아름다운 하나님의 사람이다.
기도는 내 것을 구하는 것이 아니고 하나님의 뜻을 구하는 것이고 하나님과의 사귐이다. 사귐으로 하나님의 사랑에 내가 빠지는 것이다. 그리고 하나님의 영광을 위해 하는 것이다. 그렇게 하면 나를 지으신 하나님은 내 안에 계시고 내 가슴 속에 자리 잡고 있는 정욕들은 사라지고 자유로움과 편안함으로 하나님과의 관계 속에서 친밀하게 교제하고 하나님과 사랑을 나눈다. 하나님의 사랑을 배우고 경험한다.

기도할 때 성령의 검, 곧 하나님의 말씀을 가지고 하라.
하나님 말씀을 묵상하고 내 삶에 적용하면서 찬송하라.
그 안에 모든 답이 있다.
하나님 말씀을 알아가는 공부도 기도다. 말씀을 공부하는 것
은 하나님이 사람을 만드실 때 하나님의 말씀을 먹지 않으면
살 수 없도록 만드셨다. 하나님의 말씀을 먹는 것도 기도다.
그래서 말씀을 알아야 한다. 그리고 하나님이 어떤 분인지 알
아가는 것이고 하나님의 성품을 닮아가는 것이고 교제하는
것이기 때문에 하나님의 말씀을 통해서 기도의 길잡이가 되고
더 좋은 하나님과의 관계를 유지하게 한다.

"여호와는 나의 힘이요 노래시며 나의 구원이시로다 그는 나의
하나님이시니 내가 그를 찬송할 것이요 내 아버지의 하나님이시
니 내가 그를 높이리로다."(출 15:2)

"여호와는 그들의 힘이시요 그의 기름부음 받은 자의 구원의 요
새이시로다 주의 백성을 구원하시며 주의 산업에 복을 주시고 또
그들의 목자가 되시어 영원토록 그들을 인도하소서."(시 28:8~9)

모든 기도는 항상 성령 안에서 기도하고 이를 위하여 깨어서
구하기를 항상 힘쓰라 한다. 그리하면 능력과 힘을 주신다고

한다. 하나님은 나의 힘이요, 능력이시니 내가 부족함이 없다.

기도할 때는 내 열심과 각오로 기도하는 것이 아니다. 성령님의 인도하심을 따라 기쁨과 즐거움으로 하라.
어쩔 수 없이 하고 의무감으로 하면 기도가 무거운 짐이 된다. 내가 죽고 성령이 내 안에서 기도할 때 하나님과 깊은 사랑이 이루어진다. 그리고 하나님의 임재를 경험하게 된다. 그래서 기도하는 시간은 마법의 시간이다.

하나님은 언제든지 하나님을 찾는 우리를 만나주시려고 기다리고 계신다. 항상 깨어서 기도하라.

# 예수 그리스도

예수 그리스도가 누구인지 알면 기도할 수 있다
예수님은 하나님의 아들이시다

예수 그리스도의 삶과 십자가의 죽음 그리고 부활을 믿으면
기도할 수 있다. 그래서 예수님 이야기를 하려고 한다.
예수님은 하나님의 아들로서 갈릴리 지역을 중심으로 하나님
말씀을 전하고 예루살렘에서 수난을 겪고 십자가에서 죽으시
고 부활하셨다.

예수님은 하나님의 아들이시다.

   "하나님의 아들 예수 그리스도의 복음의 시작이라"(막 1:1)

예수님의 생애의 시작과 예수님의 죽음은 하나님의 뜻이다.

예수님이 하나님의 아들로 오심과 십자가의 희생은 사랑과 섬김이었다. 예수님 이야기가 복음이다. 복음은 기쁜 소식이다.

예수님은 우리를 우리의 죄에서 구원하여 주시고 하나님과 막혔던 담을 헐어주시고 하나님과 화목하게 해 주셨다. 우리의 구세주 그리스도이시다.

예수님은 치유와 기적을 베풀면서 하나님 말씀을 가르쳤다. 예수님의 권위 있는 가르침과 능력으로 귀신이 떠나가고, 베드로의 장모와 많은 사람들의 병을 고친 일, 나병환자와 중풍병자의 치유, 야이로의 딸과 혈우병 여인의 치유, 맹인 바디매오의 고침 받음은 바리새인과 서기관들 같은 지식이 아니었다. 삶으로 보여주는 새로운 가르침이었다. 예수님께서는 그들의 믿음과 행함을 보고 치유하셨다. 예수님의 거룩한 권능은 모든 것을 치유한다.

그러나 사람들은 예수님이 가르치려고 하는 복음 전도와 하나님 나라에는 관심이 없고 병든 몸을 치유받기 위해 오는 사람들이 대부분이었다. 예수님은 병 고침의 기적을 보여주는 것이 아니라 예수님이 사람의 몸을 입고 오신 하나님의 아들이라는 것을 보여주고 싶었다. 깨닫게 하신 것이다.

예수님은 고난과 수난의 길을 걸었다.

길에서 예수님은 제자들에게 사람들이 나를 누구라 하는지 물었다. 그들은 예수님께 "세례 요한, 더러는 선지자 중의 하나라 하나이다."라고 대답했다. 그 후 예수님은 많은 고난을 받고 장로들과 대제사장들과 서기관들에게 버림받고 죽임을 당하고 사흘 만에 살아날 것이라는 것을 제자들에게 가르쳤다. 제자들은 항변하고 묻기도 두려워하였다.

예수님이 예루살렘으로 올라가는 길에 "대제사장들과 서기관들에게 내가 넘겨질 때 그들이 나를 죽이기로 작정하고 그들은 능욕하며 침을 뱉으며 채찍질하고 죽일 것이나 삼일 만에 살아날 것이다"라고 다시 제자들에게 가르친다. 그러나 제자들은 알지 못한다.


예수님의 죽음과 부활은 복음이다.

유월절과 무교절이 되기 이틀 전에 대제사장과 서기관들이 예수님을 흉계로 잡아 죽일 방도를 찾았다.

예수님은 겟세마네에서 기도한다. 겟세마네는 올리브 나무로 둘러싸인 동산으로 사람들이 모이기 적합한 장소여서 그곳에서 예수님은 얼굴을 땅에 대시고 엎드려 간절히 세 번이나 기도하는데 땀이 땅에 떨어지는 핏방울같이 되었다고 한다.

기도하여 이르시되 '아버지여 아버지께서는 모든 것이 가능하오니 이 잔을 내게서 옮기시옵소서. 그러나 나의 원대로 마시옵고 아버지의 원대로 하옵소서.'라고 기도했다.

그리고 예수님은 세 번째 기도를 하고 영적으로, 육적으로 충만해서 자기의 죽음을 맞이한다. 제자들에게 "때가 왔다. 함께 가자"라고 말한다.

가룟 유다와 여러 무리들이 검과 뭉치를 가지고 와서 예수를 체포하고 제자들은 예수를 버리고 도망갔다.

> "인자가 이 땅에 온 것은 섬김을 받으려 함이 아니라 도리어 섬기려 하고 자기 목숨을 많은 사람의 대속물로 주려 함이니라."
> (마 20:28)

> "하나님이 죄를 알지도 못하신 이를 우리를 대신하여 죄로 삼으신 것은 우리로 하여금 그 안에서 하나님의 의가 되게 하려 하심이라."(고후 5:21)

예수님은 빌라도에게 넘겨졌다.

공회 앞에서 변론한 과정에서 많은 사람이 거짓 증언을 하여도 누구를 원망하지 않고 침묵하고 베드로가 예수님을 알지 못한다고 하여도 대제사장과 장로들이 고발하고 증언하여도 예수님은 한 마디도 대답하지 않으니 총독도 크게 놀라워했다. 군병들이 예수님을 무릎을 꿇게 하고 침을 뱉고 머리를 치고 희롱하고 십자가에 못 박았다.

예수님이 십자가에 못 박힌 후 사람들이 하나님의 아들이거든 자기를 구원하고 십자가에서 내려오라. 내려오면 우리가 믿겠다고 할 때 예수님은 아무 변명도 없이 침묵했다. 성소의 휘장이 한가운데가 찢어질 때 큰소리로 "아버지 내 영혼을 아버지 손에 부탁하나이다." 말씀하신 후 영혼이 떠났다.

안식일이 지난 후 첫날 막달라 마리아와 야고보의 어머니 마리아와 살로메가 매우 일찍 해 돋을 때에 그 무덤으로 가서 무덤 안으로 들어갔다. 흰옷을 입은 천사는 여인들에게 '그가 살아나셨고 여기에 계시지 아니하니라. 보라 그를 두었던 곳이니라.' 하고 말했다. 예수님은 부활의 표적으로 하나님의 말씀을 확실히 증거하였다. 안식일이 다 지나가고 안식 후 첫날이 되려는 새벽에 그가 말씀하신 대로 살아나셨다.

우리는 예수 그리스도가 누구인지 알았다. 우리는 예수님의 제자가 될 것인가 아닌가 하는 갈림길에 놓여 있다. 예수님을 따르는 길은 고난이 있지만 영생의 길이고 다른 한쪽은 세상에서 부귀영화를 누릴 수 있지만 멸망의 길이다.

하나님이 하나밖에 없는 아들, 죄를 알지 못하는 아들을 십자가에 죽게 한 것과 우리를 대신하여 죄인으로 삼으신 것은 예

기도는 호흡이다

수님을 통해 하나님의 뜻이 나타나게 하려는 것이다. 하나님의 뜻이 나타나 의인은 믿음으로 말미암아 다시 살아난다는 것을 알게 하려 하셨다.

예수님은 치유와 기적으로 예수님의 권위와 능력을 보여주었다. 오병이어 사건을 통하여 예수님이 진정한 우리의 목자이므로 배부르게 먹을 수 있게 되었고 풍성함으로 채워주시는 곳이 하나님 나라라고 보여주고 있다.

믿음은 바라는 것들의 실상이요 보이지 않는 것들의 증거라고 했다. 믿음으로 모든 세계가 하나님 말씀으로 지어진 것을 우리가 알고 믿고, 순종하고 뜻을 다하여 하나님 말씀을 청종하면 하나님께서 마음을 돌이켜 선을 행하고 긍휼히 여겨 조상들보다 더 번성케 하고 새 영과 새 마음을 우리 속에 두어 생명을 얻게 하신다고 한다.

하나님을 신뢰하고 하나님 말씀을 보고 기도하면 예수님과 같은 십자가의 길이 고난의 길이고 하나님의 명령을 지키는 것은 어려운 것일지라도 예수님께서 이미 세상을 이겼기 때문에 우리가 예수님 안에서 세상을 능히 이길 수 있다. 그렇게 되면 우리는 세상이 감당할 수 없는 하나님의 존귀한 빛의 자녀로 살 수 있다.

# 예수님의 이름으로 기도

예수님의 가치와 본질을 깨달아야 한다
그래야 예수님의 이름으로 기도할 수 있다

"예수님께서 나는 부활이요 생명이니 나를 믿는 자는 죽어도
살겠고 무릇 살아서 믿는 자는 영원히 죽지 않는다."
나는 이것을 믿습니다.

"예수께서 이르시되 내가 곧 진리요 생명이니 나로 말미암지 않
고는 아버지께로 돌아올 자가 없느니라."(요 14:6)

"내 이름으로 무엇이든지 내게 구하면 내가 행하리라"(요 14:14).

"하나님은 한분이시요 또 하나님과 사람 사이에 중보자도 한분
이시니 곧 사람이신 그리스도 예수라."(딤전 2:5)

예수 그리스도는 누구인가?

"보라 처녀가 잉태하여 아들을 낳을 것이요 그의 이름은 임마누엘이라 하리라 하셨으니 이를 번역한즉 하나님이 우리와 함께 계시다 함이라."(마 1:23)

"시몬 베드로가 대답하여 이르되 주는 그리스도시오 살아계신 하나님의 아들이시니이다."(마 16:16)

"마르다가 이르되 마지막 날 부활 때에는 다시 살아날 줄 내가 아나이다."(요 11:24)

예수 그리스도, 그는 보이지 않는 하나님의 형상이요, 하나님의 아들이시다. 죄의 문제를 해결하기 위하여 인간의 몸을 입고 자신을 내어주려 세상에 오신 분이다.

예수님이 십자가에서 죽으신 것은 피로 사람들의 대속물이 되기 위함이다. 죽은 자 가운데서 사흘 만에 하나님께서 예수님을 다시 살리신 것은 예수님이 하나님의 아들이라는 것을 증거하기 위한 것이다. 하나님은 우리를 구원하기 위하여 죄 없는 예수님을 우리의 죄를 대신하여 속죄물로 내어주신 것이다.

"하나님은 한분이시오 또 하나님과 사람과 사이에 중보자도 한분이시니 곧 사람이신 그리스도 예수라."(딤전 2:5)

예수님이 모든 사람을 위하여 대속물로 오셨고, 죽으심으로 우리 죄를 사하여 화평을 이루셨다. 하나님과 사람 사이에 예수님은 유일한 중보자이시다. 그래서 예수님 이름으로 기도해야 한다.

> "문으로 들어가는 이는 양의 목자라. 문지기는 그를 위하여 문을
> 열고 양은 그의 음성을 듣나니 그가 자기 양의 이름을 각각 불러
> 인도하여 내느니라. … 나는 양의 문이라. … 내가 문이니 누구든
> 지 나로 말미암아 들어가면 구원을 받고 또는 들어가며 나오며
> 꼴을 얻으리라."(요 10:2~9)

예수님은 구원의 문이시다.

즉 우리는 그 문을 통과해야 구원을 받을 수 있다. 우리가 예
수님의 이름으로 기도하는 이유는 예수님을 통하지 않고는
하나님께로 들어갈 수가 없기 때문이다.

> "너희가 무엇이든지 아버지께 구하는 것을 내 이름으로 주시리
> 라."(요 16:23)

> "지금까지는 너희가 내 이름으로 아무것도 구하지 아니하였으나
> 구하라 그리하면 받으리니 너희 기쁨이 충만하리라."(요 16:24)

예수님의 이름으로 기도하면 하나님이 예수님을 통하여 구원
의 은혜를 베풀어 주신다. 그렇기 때문에 예수님의 이름으로
기도해야 한다.

> "나는 선한 목자라 나는 내 양을 알고 양도 나를 아는 것이 아버

지께서 나를 아시고 내가 아버지를 아는 것 같으니 나는 양을 위하여 목숨을 버리노라."(요 10:14~15)

또 예수님 이름으로 기도하는 것은 예수님은 선한 목자이시기 때문이다. 우리가 기도하면 예수님은 그 음성을 듣고 나의 이름을 알고 기억하며 불러서 선한 문으로 인도하신다. 예수님은 거짓 목자나 삯꾼과 같이 어린 양을 돌보지 않고 버리지 않으신다. 양을 위하여 목숨을 버리는 선한 목자이기 때문에 예수님을 의지하고 예수님 이름으로 구해야 한다.

"주께서 무엇이든지 하나님께 구하시는 것을 하나님이 주실 줄 아나이다."(요 11:22)

예수님은 항상 예수님의 말을 들으시는 하나님께 감사한다. 하나님은 예수님의 말을 들으시는 것을 알고 있고 믿는다고 예수님은 고백하신다. 그것은 왜일까? 하나님이 하시는 일을 예수님을 통해서 나타내고 있고 예수님은 그것을 알고 있기 때문이다. 우리가 예수님 이름으로 구하면 예수님께서 친히 구하는 것과 동일하게 응답하시기 때문이다. 예수님의 이름으로 구하면 하나님은 응답해 주신다고 약속하셨기 때문이다.

"하나님께 나아가는 자들을 온전히 구원하실 수 있으니 이는 그가 항상 살아계셔서 그들을 위하여 간구하심이라."(히 7:25)

하나님께 나아가는 사람은 하나님의 뜻에 맞게 하나님이 하신 일을 생각하고 하나님 나라와 하나님의 의를 구해야 한다. 예수님의 이름으로 기도하라는 것은 기도의 형식과 모양을 갖추어 기도하라는 의미가 아니다. 예수님의 이름으로 하나님 마음에 합한 기도를 드리라는 의미이다.

> "내가 진실로 진실로 너희에게 이르노니 너희가 무엇이든지 아버지께 구하는 것을 내 이름으로 주시리라."(요 16:23)

> "지금까지 너희가 내 이름으로 아무것도 구하지 아니하였으나 구하라. 그리하면 받으리니 너희 기쁨이 충만하리라."(요 16:24)

예수님은 부활이요 생명이요, "나를 믿는 자는 죽어도 살겠고 무릇 살아서 믿는 자는 영원히 죽지 아니하리니 네가 믿느냐" 하고 우리에게 다시 묻습니다. 내가 믿습니다.

모든 기도는 예수님 이름으로 구하여야한다.

# 기도는 호흡이다

내 가슴속에 하나님이 들어와서 살아 숨쉬기를 원합니다

"기도는 호흡이다."

기도는 호흡하듯이 항상 해야 하는 것이지만 또한 깨어서 기도해야 한다.

"호흡이 있는 자마다 여호와를 찬양할지어다. 할렐루야."(시 150:6)

호흡은 숨을 쉬는 것이고 살아있다는 증거이다.

기도는 호흡처럼 해야 한다. 그래서 기도는 선택이 아니고 필수다. 기도는 해도 되고 안 해도 되는 것이 아니다, 기도하지 않으면 우리는 죽는다.

건강한 사람은 음식이나 물을 5일 정도 섭취하지 않아도 생명에 지장이 없을 것이다. 그러나 숨은 쉬지 않으면 죽는다. 호흡은 5분만 중단되어도 목숨이 위태롭다.

호흡은 산소를 공급받아 모든 세포가 에너지를 얻는 과정이다. 음식물 속에 있는 영양소와 산소가 결합하여 에너지를 만들고 에너지는 성장하거나 운동하는 데 쓰이고 체온을 유지하거나 조절하는 것 등에 쓰인다.

하나님의 말씀과 기도도 마찬가지다. 숨을 쉬지 않으면 죽는 것처럼 기도하지 않으면 우리는 죽는다.

그 이유는 기도를 통해서 하나님의 지혜와 능력을 공급받아 살아야 하기 때문이다. 기도함으로 내 몸에 힘이 생긴다. 하나님의 능력이 있는 하나님의 지혜가 생긴다.

우리는 힘들고 고단하고 어려운 일을 당했을 때 대부분 기도한다. 하지만 기쁘고 즐겁고 편안할 때일수록 더 쉬지 않고 마음으로 기도하고 영으로 찬송해야 한다. 힘들 때 기도하면 하나님 앞에서 억지를 부리는 기도를 하기 쉽다. 내 것을 요구하는 기도만 하고 원망만 쌓일 때가 많다.

매일매일 쉬지 않고 기도하는 것이 살길이다. 모든 것이 기도에서부터 시작되므로 하루 첫 시간을 기도로 시작하자. 쉬지 말고 기도하고 기도 중에 낙망치 말라. 기도로 감사하라. 이것이 그리스도 예수 안에서 우리를 향하신 하나님의 뜻이니라.

기도는 호흡이다

하나님이 우리를 지으신 목적을 따라 기도와 찬양으로 한걸음, 한 걸음 더 나아가기를 원한다. 그래야 비참하고 처절한 고난의 삶 속에서도 소망이 있고 행복이 있다. 하나님의 말씀을 보는 것은 하나님의 말씀이 육신이 되어 우리 안에 거하시므로 하나님의 지혜와 능력으로 사는 삶이 된다. 기도하는 것은 하나님과 사귀고 하나님을 의지하게 되고 그로 인해 우리의 삶이 하나님의 뜻을 묻고 따르는 삶이 된다.

기도는 살아계신 하나님과 동행하는 삶이다. 기도함으로 하나님과 친밀함 속에서 하나님과 함께 숨 쉬는 것이다. 그러면 행복하고 참 평강을 누리고 유지할 수 있다.

> "하나님이 지으신 그 모든 것을 보시니 보시기에 심히 좋았더라."(창 1:31)

하나님은 자기 형상대로 사람을 만드시고 복을 주시며, 하나님 보시기에 좋았더라고 말씀하시면서 좋아하셨는데 우리는 하나님의 뜻을 따르지 않고 살 때가 많다. 내가 하나님의 뜻대로 살지 않고 내 마음대로 살면 나는 내 모습을 모를 수 있으나 하나님과 세상 사람들은 나보다 먼저 더 빨리 내 모습을 볼 수 있다. 그래서 그리스도인은 호흡이 끝나는 날까지 기도해야 흐트러짐이 없이 하나님의 뜻대로 살 수 있다.

# 기도와 영성

그리스도인의 향기가 나고 그리스도인의 아름다움
이 나타나는 것이 영성이다

영성이란 그리스도인으로서 믿음으로 기도하는 사람에게 나
타나는 성품이다. 영성은 하나님을 믿음으로 거듭난 영적인
성품으로서 영적인 지배를 받고 하나님의 뜻을 이루는 그리스
도인의 삶의 모습이다. 그리스도인의 성품과 자질을 말한다.
그것은 기도와 옳은 행실을 통하여 그리스도의 향기가 나는
그리스도인만이 드러낼 수 있는 삶이다. 그리고 그리스도 안
에서 하나님과 친분 관계를 가지고 일상적으로 살아가는 삶
의 모습을 의미한다.

> "너희 속에 하나님의 영이 거하시면 너희가 육신에 있지 아니하
> 고 영에 있나니 누구든지 그리스도의 영이 없으면 그리스도의 사
> 람이 아니라"(롬 8:9)

"예수를 죽은 자 가운데서 살리신 이의 영이 너희 안에 거하시면 그리스도 예수를 죽은 자 가운데서 살리신 이가 너희 안에 거하시는 그의 영으로 말미암아 너희 죽을 몸도 살리시리라."(롬 8:11)

요즘 교회가 세상 풍습을 따라 세속화되어 가는 경우가 많다. 많은 그리스도인도 세속화되어 영성과 도덕성이 병들어 잘 자라갈 수가 없게 되었다.

이럴 때일수록 기도생활로 온전한 삶을 지켜나가야 한다. 하나님은 "내가 거룩하니 너희도 거룩하라" 명령하셨다.

하나님 앞에서 하나님의 말씀을 묵상하고 기도하면 우리 안에 하나님의 영이 거하고 육신의 생각을 따라 살지 않고 하나님의 마음으로 살 수 있다. 그 영으로 인하여 죽은 몸도 살리시리라, 믿는 믿음이 생긴다. 이것이 하나님께서 주신 지혜이고 영성이다.  즉 하나님께서 주신 지혜와 영성이 우리 안에 있으면 하나님의 아름다움과 영광을 지닌 하나님의 아들이 되고 거룩한 삶이 된다.

우리는 예수님을 알아가는 것이 진리이고 선이고 그리스도인의 힘이라고 생각은 하지만 그것이 아름다운 것이고 하나님의 성품과 영광을 완성한다는 사실은 모를 때가 많다.

하나님의 영광을 완성하는 영성은 이웃과 형제들을 내 몸같이 사랑하는 것이다. 이럴 때 그리스도인의 향기가 나고 그리스도인의 아름다움이 나타난다.

그리스도인은 기도를 통하여 하나님과의 관계 속에서 영성의 아름다움을 만들고 표현해야 한다. 형식적인 아름다움의 영성을 만들고 표현하는 것이 아니라, 거짓된 것을 진리로, 악을 선으로 변형시키는 힘을 가진 아름다운 영성이 필요하다. 그리고 아름다운 영성은 진리와 선과 함께하는 공동체를 이루는 하나님의 영광된 모습이다.

우리가 말씀묵상과 기도를 통해서 그리스도를 닮아 신앙의 아름다움을 회복하고 하나님을 통해서 하나님이 무슨 일을 하는지 느끼고 체험해서 하나님의 아름다움이 나타나는 삶이 되기를 소원한다.
이것이 그리스도인으로서 믿음으로 기도하는 사람에게 나타나는 성품이고 영성이 자라가는 것이다.
세상풍조를 본받지 말고 오직 마음을 새롭게 하여 하나님의 선하시고, 온전하시고 기뻐하시는 뜻을 따라 사는 것이 영성이다. 이것을 위해 기도해야 한다.

# 하나님이 가르쳐 주신 기도 (주기도문)

하나님의 뜻이 하늘에서 이루어진 것 같이 땅에서도 이루어지이다

하나님께서 우리가 구하기 전에 우리에게 있어야 할 것을 알고 계시기 때문에 이렇게 기도하라고 하나님께서 가르쳐 주신 기도가 있다.

"하늘에 계신 우리 아버지여 이름이 거룩히 여김을 받으시오며 나라가 임하시오며 뜻이 하늘에서 이루어진 것 같이 땅에서도 이루어지이다.
오늘 우리에게 일용할 양식을 주시옵고 우리가 우리에게 죄 지은 자를 사하여 준 것 같이 우리 죄를 사하여 주시옵고 우리를 시험에 들게 하지 마시옵고 다만 악에서 구하시옵소서.
나라와 권세와 영광이 아버지께 영원히 있사옵나이다."
아멘 (마 6:9~13)

우리는 기도의 의미와 기도를 어떻게 할 것인가를 알아야 한다. 그리고 기도의 우선순위를 잘 알고 기도해야 한다.

**1** "하늘에 계신 우리 아버지여
이름이 거룩히 여김을 받으시오며

이름은 하나님을 인격적인 하나님으로 보고 하나님을 높여드리고 하나님을 기쁘게 하고 영광스럽게 하겠다는 의미다. 우리의 삶이 하나님을 욕되게 하지 않겠다는 나의 고백과 다짐이다.

**2** 나라가 임하시오며 뜻이 하늘에서 이루어진 것같이
땅에서도 이루어지이다.

"하나님 나라가 임하시오며"라고 하는 것은 하나님의 뜻에 따라 다스림과 통치를 받겠다는 것이다.

"그의 뜻대로 무엇을 구하면 들으심이라. 우리가 무엇이든지 구하는 바를 들으시는 줄 안즉 우리가 그에게 구한 그것을 얻은 줄 또한 아느니라."(요일 5:14~15)

우리의 일상의 삶 속에 늘 하나님의 뜻을 생각하고 그 뜻을 따

라 살며 내가 사는 이 땅을 하나님 나라로 만드는 것이다. 이 것이 죽어서 가는 곳이 하나님 나라가 아니고 내가 살고 있는 이곳이 하나님 나라다. 이 기쁨을 이 세상에서 누리며 사는 세 상이 하나님 나라다. 기도할 때 먼저 하나님의 이름, 하나님의 나라, 하나님의 뜻을 구하고 이것이 실현될 수 있도록 내가 필 요한 것을 구하는 것이 하나님이 가르쳐 주신 기도다. 항상 이 기도를 우선적으로 해야 한다.

이것이 내가 필요한 것을 구하는 기도다.

## 3   오늘 우리에게 일용할 양식을 주시옵고

"저녁에는 메추라기가 와서 진에 덮이고 아침에는 이슬이 진 주 위에 있더니 그 이슬이 마른 후에 광야 지면에 작고 둥글며 서리 같이 가는 것이 있는지라."(출 16:13~14)

일용할 양식을 준비하시는 하나님께 내 삶에 먹는 양식을 비 롯해서 필요한 모든 것을 매일매일 그날 공급받기를 원하는 기도다. 매일 하나님 말씀을 묵상하고 기도하고 하나님을 의 지하며 살겠다고 고백하면 많이 거둔 자도 남음이 없고 적게 거둔 자도 부족함이 없이 각 사람은 먹을 만큼 거둘 수 있다고 하나님은 말씀하신다. 하나님을 전적으로 신뢰하고 의지하는 믿음으로 일용할 양식을 구하자.

**4** 우리가 우리에게 죄 지은 자를 사하여 준 것 같이
우리 죄를 사하여 주시옵고

우리는 대부분 다른 사람의 죄를 용서하지 못하고 살고 있다. 죄 지은 사람을 용서하는 것은 이웃사랑을 실천하여 관계를 회복하라는 것이다. 그래야 우리도 하나님과 관계 회복을 할 수 있다.

> "예수께서 이르시되 네게 이르노니 일곱 번 뿐만 아니라 일곱 번을 일흔 번까지라도 할지니라."(마 18:22)

베드로가 예수님께 형제가 내게 죄를 범하면 몇 번이나 용서하여 주리까. 물었을 때 일흔 번까지라도 용서하라 하시며 마음으로부터 형제를 용서하지 않으면 나의 하나님 아버지께서도 너희에게 이와 같이 하시리라 말씀하셨다.

> "너희 중에 죄 없는 자가 먼저 돌로 치라 하시고."(요 8:7)

서기관들과 바리새인들이 간음하다가 현장에서 잡힌 여자를 끌고 와서 세우고 모세는 율법에 이러한 여자는 돌로 치라고 했는데 예수님은 어떻게 할 것인가를 물었다. 예수님은 너희 중에「죄 없는 자가 먼저 돌로 치라」하셨다. 다들 양심에 가책을 느껴 돌아가고 예수님만 남았다. 예수님은 너를 정죄하지

않으니 다시는 죄를 범하지 말라 하셨다. 예수님은 사람을 정죄하거나 판단하는 사람을 가장 싫어했다.

하나님은 의인은 없나니 하나도 없다고 하셨다. 우리는 누구나 하나님 앞에 죄가 없는 사람이 없다.

"너희에게나 다른 사람에게나 판단 받는 것이 내게는 매우 작은 일이라 나도 나를 판단하지 아니하노니 내가 자책할 아무 것도 깨닫지 못하나 이로 말미암아 의롭다 함을 얻지 못하노라. 다만 나를 심판하실 이는 주시니라."(고전 4:3~4)

각자의 양심으로 내 죄를 인식하고 모든 죄를 무조건 용서하자. 우리는 하나님의 아들이기 때문이다. 그리하면 다른 사람을 판단하고 심판하실 분은 하나님이시고 내 죄도 사하여 주심을 믿는다.

**5** 우리를 시험에 들게 하지 마시옵고 다만 악에서 구하시옵소서.

세상 풍습을 따라 살면 유혹에 넘어져 하나님을 떠나 범죄하고 악의 소굴에서 살게 된다. 우리를 시험에 들지 않게 하고 악한 생각과 악한 사람에게서 벗어나 달라는 기도다. 시험에 들지 않게 늘 깨어서 기도하자.

**6**  나라와 권세와 영광이 아버지께 영원히 있사옵나이다."

하나님을 알면서도 하나님을 영화롭게 하지 않으면 안 된다. 영원한 하나님 나라, 영원한 권세와 영광을 가지신 하나님 아버지. 눈물과 슬픔, 아픔이 없는 하나님 나라, 영원한 하나님 나라가 있음을 믿으며 모든 권세는 하나님께로부터 나지 않음이 없다는 것을 마지막으로 고백하는 것이다.

솔로몬도 자기가 구할 것 중에서 부나 재물이나 장수나 자기 영광을 구하지 않고 오직 나라를 다스릴 지혜와 지식, 듣는 마음을 주시길 기도했다.

오직 하나님께 권세가 있다는 것을 인정하고 영광 돌리는 기도, 하나님을 기쁘게 하는 것을 기도하니 하나님께서 모든 것을 주시겠다고 약속하시면서 솔로몬 전후 왕들에게 이런 일은 없으리라 했다.

**7**  아멘

진실로 그렇습니다. 그렇게 이루어지기를 바랍니다.

기도는 호흡이다

# 예수님의 기도 (가장 위대한 기도)

겟세마네에서 예수님의 기도가 가장 위대한 기도다

예수님께서 제자들에게 이르시되 십자가에 못 박히기 위하여 팔리리라 말씀하셨다.

가룟 유다의 배반을 아시고 "그 사람은 차라리 태어나지 아니하였더라면 그에게 좋을 뻔하였다."고 말씀하셨다. 그리고 예수님은 제자들과 함께 떡과 잔을 나누며 감사기도를 하시면서 인자는 죄 사함을 얻게 하려고 많은 사람을 위하여 살은 찢히고 피를 흘리고, 떡은 내 살이고 잔은 언약의 피라고 하시며 하나님의 뜻을 이루기 위해 죽음을 준비하면서 제자들과 마지막 식사를 했다.

예수님께서 겟세마네라는 곳에 이르러 제자들에게 이르시고 기도할 동안 기다리면서 시험에 들지 않게 깨어 기도하라 하시고 얼굴을 땅에 대시고 엎드려 간절히 세 번이나 기도하는데 땀이 땅에 떨어지는 핏방울같이 되었다고 한다. 기도하여 이르시되 "내 아버지여 만일 할 만하시거든 이 잔을 내게서 지나가게 하옵소서. 그러나 나의 원대로 마시옵고 아버지의 원대로 하옵소서."라고 기도했다.

예수님의 인간적인 고뇌의 흔적과 슬픈 마음이 있었지만 자신의 간절한 소원보다는 하나님의 의를 먼저 구하는 대표적인 예수님의 기도다.

> "아버지여 때가 이르렀사오니 아들을 영화롭게 하사 아버지를 영화롭게 하소서"(요 17:1)

'내가 혼자 있는 것이 아니라 아버지께서 나와 함께 계시느니라. 이것을 말하는 것은 너희가 내 안에서 평안을 누리라. 세상에서는 너희가 환난을 당하나 담대하라. 내가 세상을 이겼노라.' 이 말씀을 하시고 눈을 하늘로 우러러 기도하셨다. 하나님 아버지께로 가시기 전 예수님의 고별기도이다.

> "영생은 곧 유일하신 참 하나님과 그의 보내신 자 예수 그리스도를 아는 것이니이다."(요 17:3)

"내가 그들을 위해 비옵나니 내가 비옵는 것은 세상을 위한 위함이 아니요 내게 주신 자들을 위함이니이다.

나는 세상에 더 있지 아니하오나 그들은 세상에 있사옵고 나는 아버지께로 가옵나니 거룩하신 아버지여 내게 주신 아버지의 이름으로 그들을 보전하사 우리와 같이 그들도 하나가 되게 하옵소서.

내가 그들과 함께 있을 때 내게 주신 아버지의 이름으로 그들을 보전하고 지키었나이다.

그 중 하나도 멸망하지 않게 하옵소서. 내 기쁨을 그들 안에 충만하게 하려 함입니다.

내가 아버지의 말씀을 그들에게 주었사오니 세상이 그들을 미워하였사오니 내가 세상에 속하지 않은 것같이 그들도 세상에 속하지 않게 하옵소서. 악에 빠지지 않게 하옵소서. 진리로 거룩하게 하옵소서. 아버지여 아버지께서 내 안에 내가 아버지 안에 있는 것 같이 그들도 다 하나가 되어 우리 안에 있게 하셔서 온전하게 이루게 하소서. 아버지께서 나를 사랑하신 것 같이 그들도 사랑하시는 것을 세상이 알게 하소서 하나님의 사랑이 그들 안에 있고 나도 그들 안에 있게 하소서."

예수님은 말씀하시고 기도하시고 잡히셨고 빌라도에게 넘겨졌다.

"예수께서 크게 소리 질러 이르시되 엘리 엘리 라마 사박다니 하시니 이는 곧 나의 하나님 나의 하나님 어찌하여 나를 버리셨나이까 하는 뜻이라 거기에 섰던 자 중 어떤 이들이 듣고 이르되 이 사람이 엘리야를 부른다 하고."(마 27:46~47)

예수님이 십자가에 못 박혀 죽으시기 전 가장 고통스러운 때 크게 소리 지른 것은 하나님께 버림받는 것에 대한 인간적인 외침이고 탄식이었을까?

예수님은 절규하였지만 하나님은 침묵하셨다. 하나님이 하나밖에 없는 아들, 죄를 알지 못하는 아들이 우리를 대신하여 죽게 했다. 우리에게 하나님의 의가 나타나게 하려는 하나님의 계획이었다.

안식일이 다 지나가고 안식 후 첫날 새벽에 그가 말씀하신 대로 살아나셨다. 예수님을 뵈옵고 경배하나 아직도 의심하는 사람들이 있었다.

> "너희는 가서 모든 민족을 제자로 삼아 아버지와 아들과 성령의 이름으로 세례를 베풀고 내가 너희에게 분부한 모든 것을 가르쳐 지키게 하고 볼지어다. 내가 세상 끝 날까지 너희와 항상 함께 있으리라 하시니라."(마 28:19~20)

우리가 하나님께로 돌아와 하나님께서 명령하신 것을 온전히 따라 마음을 다하고 뜻을 다하여 하나님 말씀을 청종하고 기도하면 하나님 여호와께서 마음을 돌이켜 선을 행하시고 우리를 긍휼히 여기시고 조상들보다 더 많이 번성케 하시고 새 영과 새 마음을 우리 속에 두어 새 생명을 얻게 하신다고 한다.

하나님의 명령을 지키는 것은 어려운 것도 아니고 먼 곳에 있는 것도 아니다. 내 마음과 내 입 속에 있으니 행할 수 있다고 하신다.

한번 해보십시오. 해보지도 않고 안 된다고 포기하지 말고 해보세요. 한번이 어렵습니다. 해보니까 할 수 있습니다. 우리는 하나님을 신뢰하고 순종이 될 때까지 하나님 말씀 보고 기도하면 됩니다.

그러면 하나님의 은혜로 그저 주십니다.

# 기도는 믿음의 반응이다

기도는 하나님의 말씀을 믿고 내가 반응을 보이는
것이다

하나님이 우리의 모든 마음을 다스리지만 우리에게 자유의지
를 주셨다. 우리가 자유의지로 하나님께 내 마음을 돌이키는
반응을 보이지 않으면 우리는 세상에 속한 사람으로 버려질
지도 모른다. 내 마음을 하나님께 내어드리고 하나님의 마음
으로 살아야 한다. 그래야 하나님께 속한 사람이 된다. 그러
나 우리는 하나님을 믿는다 하면서 올바른 지식(복음)을 몰라
서 하나님께 열심히 하지만 하나님의 의를 모르고 자기 의를
세우려고 힘써서 하나님의 의에 반응하지 않는 사람이 많다.

하나님 말씀을 듣고 기도하는 반응을 보이면 하나님의 영이
내 안에 감동으로 들어와 내가 변화되면 믿지 않는 사람들도

나를 통하여 하나님이 일하심을 보게 되어 하나님에 대해 궁금증을 갖고 반응을 보일 수 있다. 따라서 그리스도인들은 삶의 기도를 드리는 것이 중요하다.

> "하나님의 의가 나타나서 믿음으로 믿음에 이르게 하나니 기록된 바 오직 의인은 믿음으로 말미암아 살리라 함과 같으니라." (롬 1:17)

하나님을 믿어 순종하면 하나님의 의가 나타나서 하나님의 일하심과 하나님을 알게 하는 것들을 우리에게 분명히 보게 한다. 하나님을 알게 되었지만 우리 마음에 하나님 두기를 싫어하거나 하나님을 영화롭게 하지 않고 감사할 줄 모르고 살면 생각이 허망하고 어둔해지고 미련해진다. 그리고 하나님의 영광을 썩어질 사람과 새와 짐승과 기어 다니는 동물 모양의 우상으로 바꾸어 조물주인 하나님보다 더 경배하고 섬기며 살아간다. 그렇게 살면 헛된 것들에 매여서 고단한 삶을 살게 된다.

하나님의 진리를 거짓으로 바꾸어 부끄러운 내 욕심으로 살면 하나님은 우리를 내버려 두신다. 그러면 우리는 하나님을 찾지도 않고 두려워하지도 않고 세상 속에서 탐욕 때문에 불의를 행하고 추악하고 악의가 가득하여 시기질투, 살인, 분쟁, 사기, 악독이 가득한 사람이 된다.
그리고 세상에서는 부와 명예를 누리고 살지 모르지만 결국 하나님의 심판으로 멸망을 받는다.

　"우리 주 예수의 은혜가 너희에게 있을지어다."(롬 16:20)

예수 그리스도를 나의 주로 믿고 반응하는 사람은 믿음으로 말미암아 모든 사람은 차별이 없이 하나님의 은혜로 값없이 의롭다 하심을 얻는 사람이 된다. 믿음으로 의롭다 하심을 받은 사람의 삶은 하나님의 은혜와 사랑 안에 들어가 하나님과 함께 화평을 누린다.

우리는 하나님의 영광을 바라고 기쁨을 위하여 기도하자.

우리는 세상에서 살지만 하나님의 택하심으로 세상의 법 아래 있지 아니하고 하나님의 은혜 아래 있는 것을 감사 기도하자.

　"하나님이 우리를 위하시면 누가 우리를 대적하리요."(롬 8:31)

하나님 앞에 무릎을 꿇고 기도하면 하나님은 우리의 연약함을 보시고 도우시는 분이기 때문에 우리를 우리 주 그리스도 예수 안에 있는 하나님의 사랑에서 끊을 수 없다. 하나님의 사랑 가운데서 우리는 성령의 힘으로 강건해지고 우리가 구하거나 생각하는 모든 것을 차고 넘치도록 주신 선하신 하나님을 경험하게 된다.

　"성령도 우리의 연약함을 도우시나니 우리는 마땅히 기도할 바

를 알지 못하나 오직 성령이 말할 수 없는 탄식으로 우리를 위하
여 친히 간구하시느니라."(롬 8:26)

하나님의 말씀에 반응하고 삶을 통하여 하나님의 뜻대로 살
기만 하면 우리가 무엇을 위해 기도할지 알지 못해도 성령님
께서 우리를 위해 간구하신다.

# 기도는 내 삶을 이루어가는 것

기도는 실천과 행함으로 하나님의 뜻이 이루어지
는 것이다 기도는 참된 삶으로 바꾸어 놓는다

"아무것도 염려하지 말고 오직 모든 일에 기도와 간구로 너희
구할 것을 감사함으로 하나님께 아뢰라."
기도는 내 자신을 하나님께 아뢰고 내 자신을 먼저 돌이켜 보
는 것이다. 즉 성찰하는 시간이다. 자기 성찰을 통하여 내가
변화되어야 한다.
"그리하면 모든 지각에 뛰어난 하나님의 평강이 그리스도 예
수 안에서 너희 마음과 생각을 지키시리라."
이것이 기도의 이룸이다.

너희는 욕심을 내어도 얻지 못하며 살인하며 시기하여도 능히 취
하지 못하므로 다투고 싸우는도다. 너희가 얻지 못함은 구하지

아니하기 때문이요. 구하여도 받지 못함은 정욕으로 쓰려고 잘
못 구하기 때문이라.(약 4:2~3)

기도는 하나님께 내 사정을 아뢰고 구하는 것이다. 주로 궁핍
할 때 절망 가운데 있을 때 기도한다. 우리가 필요한 것을 구
하는 경우가 많다.

기도하는 사람이 세상과 벗하여 살면 스스로 하나님과 원수
가 된다. 정욕에 쓰려고 재물을 구하면 그 재물은 썩고 옷은
좀이 먹고 금과 은은 녹이 슬었다고 한다. 기도로 하나님 앞에
구한 것이 있으면 기억해야 한다. 구하기만 하고 나는 잊어버
리면 하나님이 기억하실까. 그러면 안 된다. 늘 기도하면서 구
한 것을 기억하며 실천하도록 애써야 한다. 그래야 기도가 이
루어진다. 늘 기도하자. 그리고 기억하자.

"너희는 먼저 그의 나라와 그의 의를 구하라 그리하면 이 모든 것
을 너희에게 더하시리라."(마 6:33)

하나님 앞에 드리는 우리의 기도는 나를 위해 필요한 것들을
구하는 것이 아니다.

하나님 나라와 하나님의 뜻을 먼저 구하고 나를 위한 일을 구
할 때 비로소 하나님께서 우리가 구하는 모든 것을 들어주신
다는 것을 알아야 한다.

하나님은 기도하면 우리에게 항상 찾아오시는 하나님이시다.

하나님은 우리의 마음과 감정을 알고 함께 즐거움과 고통을 나누시는 따뜻한 살아계신 하나님이다. 내가 기도하는 것보다 더욱 많이 응답하시는 하나님이다.

기도하는 사람에게는 하나님께서 노아의 언약, 아브라함의 언약을 지키시는 것처럼 반드시 나의 기도를 응답하시는 하나님이시다.

기도를 통해서 자기 자신을 발견하고 회개하고 하나님의 뜻과 계획을 알아 가면서 나 자신이 변화되는 것이 기도이다. 기도를 통해서 내가 변화되면 일상생활 속에서 삶의 예배를 드려야 진정한 기도다. 삶 속에서 순종과 행함이 있으면 기도하는 자에게 하나님께서 능력과 힘을 주신다. 그 능력이 기도의 이룸이다.

> "나더러 주여 주여 하는 자마다 다 천국에 들어갈 것이 아니요 다만 하늘에 계신 내 아버지의 뜻대로 행하는 자라야 들어가리라."(마 7:21)

> "행함이 없는 믿음은 그 자체가 죽은 것이라."(약 2:17)

> "사람이 행함으로 의롭다 하심을 받고 믿음으로만은 아니니라."(약 2:24)

믿음으로 구한 것이 있으면 그것을 기억하고 내 삶으로 실천해야 한다. 믿음의 조상 아브라함도 하나님의 뜻을 이루기 위해 믿음으로 아들 이삭을 제단에 바칠 때 의롭다 함을 받았다. 하나님의 말씀이 이루어지고 하나님의 벗이라는 칭함도 받았다. 우리는 구하기만 하고 잃어버리고 산다. 그러다가 하나님의 응답이 없으면 기도를 게을리하거나 하지 않는다.

기도를 통해서 내 자신을 부인하고 내가 먼저 변화되어야 한다.

"여호와께서 모세에게 명령하신 대로 되니라."(출 40:19)

하나님을 믿는 순간부터 우리가 기도하고 하나님의 인도함을 따라 순종하고 살면 하나님의 성품을 닮아가는 것은 물론이고 모든 것이 이루어지는 것을 우리의 눈으로 볼 수 있다.

그래서 우리는 자신을 속이지 말고 기도한 대로 행함이 있어야 한다. 그래야 하나님이 응답해 주신다. 이것이 진정한 기도의 이룸이다.

# 나의 신앙고백 (사도신경)

## 우리는 하나님 앞에 신앙고백을 해야 한다

사도신경은 초대교회 때부터 기독교인의 신앙고백이다.

내가 믿는 진리를 고백하는 기도다.

성부 성자 성령과 몸의 부활을 믿는다.

믿음의 출발이 능력이 있는 하나님께로부터 시작한다는 믿음의 고백, 주는 그리스도요 살아계신 하나님 아버지의 아들이시라는 믿음의 고백, 성령을 믿는다는 고백이다.

즉 삼위일체 하나님을 믿는다는 것이다.

부활의 믿음, 성도의 교제를 통한 은혜와 사랑, 죄 사함, 거룩한 교회, 영원한 생명을 소유한 사람으로서 우리의 신앙(믿음)으로 고백하는 사도신경이다.

**1** 전능하사 천지를 만드신 하나님 아버지를
    내가 믿사오며,

"태초에 하나님이 천지를 창조하시니라."(창1:1)

**2** 그 외아들
우리 주 예수 그리스도를 믿사오니,
이는 성령으로 잉태하사
동정녀 마리아에게 나시고,

"예수 그리스도의 나심은 이러하니라. 그의 어머니 마리아가 요셉과 약혼하고 동거하기 전에 성령으로 잉태된 것이 나타나더니… 그에게 잉태된 자는 성령으로 된 것이라. 아들을 낳으리니 이름을 예수라 하라." (마1:18~21)

**3** 본디오 빌라도에게 고난을 받으사,
십자가에 못박혀 죽으시고,

"인자가 온 것은 섬김을 받으려 함이 아니라 도리어 섬기려 하고 자기 목숨을 많은 사람의 대속물로 주려 함이니라."(마 20:28)

"우리가 그리스도와 함께 죽었으면 또한 그와 함께 살 줄을 믿노니."(롬 6:8)

"예수를 죽은 자 가운데서 살리신 이의 영이 너희 안에 거하시면 그리스도 예수를 죽은 자 가운데서 살리신 이가 너희 안에 거하시는 그의 영으로 말미암아 너희 죽을 몸도 살리시리라."(롬 8:11)

**4** 장사한 지 사흘 만에 죽은 자 가운데서 다시 살아나시며,
　　 하늘에 오르사,
　　 전능하신 하나님 우편에 앉아 계시다가,
　　 저리로서 산 자와 죽은 자를 심판하러 오시리라.

십자가는 죽음과 희생 그리고 사랑을 의미한다.

내가 죽어야 섬길 수 있고 내가 죽어야 살 수 있다는 것을 보여준다. 내가 살고자 한다면 내 자신의 의를 내려놓지 못하고 빚진 자의 마음으로 교회를 섬길 수 없다. 우리는 죽음으로 되살아나서 서로 사랑하고 위로하고 아낌없이 주고 섬기며 자기 유익을 구하지 않고 선을 행하므로 심판받지 않는다.

그리스도인은 부활의 믿음이 있어야 한다.

예수님이 죽은 자 가운데 다시 살아나심을 믿는 믿음이 우리 안에 있으면 우리의 죽을 몸도 살리실 것을 믿을 수 있다.

**5** 성령을 믿사오며,

　　 "너희 속에 하나님의 영이 거하시면 너희가 육신에 있지 아니
　　 하고 영이 있나니 누구든지 그리스도의 영이 없으면 그리스도의
　　 사람이 아니라"(롬 8:9)

그리스도인은 성령이 충만해야 한다. 하나님을 영접하고 하나님의 자녀 된 사람으로서 거룩하신 하나님의 영이 우리 안

에 함께 계시므로 우리는 내 마음대로 사는 것이 아니라 하나
님의 마음을 살피고 하나님의 뜻대로 살아야 한다.

**6** 거룩한 공회와,
성도가 서로 교통하는 것과,

교회는 하나님을 섬기는 성도들이 하나님과 교제를 통해 모
이는 그리스도인의 거룩한 공동체다.

단순히 예배만 드리는 곳이 아니라 하나님을 경외하고 하나님
말씀을 가르치고 배우며 성도들과 서로 교제하고 나누고 서
로의 형편을 살피며 섬기는 곳이다. 서로의 형편을 잘 살펴서
무엇이든 필요한 만큼 넉넉하게 나누어 주는 곳이다.

성도들이 모여서 서로 섬기고 사랑하는 곳이다.

> "그에게서 온몸이 각 마디를 통하여 도움을 받음으로 연결되고
> 결합되어 각 지체의 분량대로 역사하여 그 몸을 자라게 하며 사
> 랑 안에서 서로 세우느니라."(엡 4:16)

> "서로 대접하기를 원망 없이 하고 각각 은사를 받은 대로 하나님
> 의 여러 가지 은혜를 맡은 선한 청지기 같이 서로 봉사하라."
> (벧전 4:9~10)

> "미쁘다 이 말이여 곧 사람이 감독의 직분을 얻으려 함은 선한 일
> 을 사모하는 것이라 함이로다."(딤전 3:1)

교회 안에서는 서로 다투지 않고 관용하며 나그네를 대접하듯 해야 한다. 교회 안에서의 직분은 권력도 아니고 차별도 아니다. 맡은 일을 귀하게 여기고 순종할 때 아름다운 교회를 만들어 나갈 수 있다.

섬김을 받으려 하면 교회가 한 몸이 될 수 없다. 겸손과 섬김, 배려는 몇 번을 강조해도 지나치지 않는다. 사람이라면 누구나 다 하나님의 형상대로 지어진 것이기 때문에 존중받아야 하고 섬김의 대상이 된다. 누구든지 종이 되고자 하는 자는 으뜸이 되고 으뜸이 되고자 하는 자는 종이 될 것이라고 하나님은 말씀하신다. 그리고 교만하고 거만한 사람은 넘어짐의 앞잡이라고 말씀하신다.

> "겸손으로 허리를 동이라 하나님은 교만한 자를 대적하시되 겸손한 자들에게는 은혜를 주시느니라. 그러므로 하나님의 능하신 손아래서 겸손하라 때가 되면 너희를 높이시리라."(벧전 5:5~6)

겸손과 섬김으로 섬김을 받는 교회가 아름다운 하나님의 교회이다. 교회가 세상 풍습을 따라 세속화되어 가는 세상이다. 교회가 세속화되어 병들지 않고 잘 자라갈 수 있도록 기도하고 각자가 받은 은사로 교회를 섬기고 사랑하는 것이 하나님께서 주신 지혜이다. 하나님의 말씀과 십자가가 있는 교회, 예배와 찬양이 있는 교회, 하나님이 우리와 함께하는 교회가 진정한 하나님의 교회이다.

**7**   죄를 사하여 주시는 것과,

우리는 세례를 통하여 예수 그리스도와 함께 죽었고 부활의 몸이 되었기 때문에 이미 죄 아래 있지 않다. 죄로부터 자유로울 수 있다.

그것을 믿습니다. 내 말을 듣고 또 나 보낸 이를 믿는 사람은 영생을 얻었고 심판을 받지 않는다고 하셨다.

**8**   몸이 다시 사는 것과 영원히 사는 것을 믿사옵나이다. 아멘.

"예수께서 이르시되 나는 부활이요, 생명이니 나를 믿는 자는 죽어도 살겠고 무릇 살아서 나를 믿는 자는 영원히 죽지 아니하리니" (롬 11:25)

"하나님이 세상을 이처럼 사랑하사 독생자를 주셨으니 이는 그를 믿는 자마다 멸망하지 않고 영생을 얻게 하려 하심이라."(요 3:16)

하나님을 믿고 하나님을 경외하는 자는 죽어도 살고, 살아서 믿는 자는 영원히 죽지 않는다고 하신다.

영이요 생명이신 예수님을 믿으면 영원히 산다는 믿음을 지니고 하나님의 뜻을 행하는 사람은 영원히 살리라.

# 방언기도

예수 그리스도 안에서 성령님의 인도하심을 따라 영으로 기도하고 마음으로 하는 기도가 방언기도다

은사는 여러 가지나 성령은 같고 직분과 하는 일은 다르지만 모든 것을 이루시는 하나님은 같다.

각 사람에게 같은 성령으로 믿음을, 병 고치는 은사를, 예언함을, 지혜의 말씀을, 영을 분별함을, 각종 방언을 말함을, 방언을 통역함을 주시나니 이 모든 일들은 같은 한 성령이 행하여 하나님의 뜻대로 각 사람에게 나누어 주신다.

방언기도는 성령의 다양한 은사 가운데 하나다. 하나님이 주신 은사 중 개인에게는 가장 큰 선물이라고 말하며 개인에게 주신 은혜의 선물이다.

"방언을 말하는 자는 사람에게 하지 아니하고 하나님께 하나니
이는 알아듣는 자가 없고 영으로 비밀을 말함이라." (고전 14:2)

방언으로 말하는 사람은 자기 덕을 세우고 예언을 말하는 사람은 교회의 덕을 세운다.

"나는 너희가 다 방언 말하기를 원하나 특별히 예언하기를 원하노라."(고전 14:5)

방언기도에 대해 긍정적인 사람들과 부정적인 사람들이 있다. 방언기도는 어떤 면이 성경적인지 부정적인지를 살펴보고자 한다.

"내가 만일 방언으로 기도하면 나의 영이 기도하거니와 내가 영으로 기도하며 또 마음으로 기도하며."(고전 14:15)

방언은 거의 대부분 기도할 때 나타난다.
성령을 받으면 방언을 한다. 성령이 우리를 통해서 직접 기도하는 것이다. 오직 순수한 영만으로 하나님과 대화를 하는 것이다. 하나님과 하나가 되는 경험을 통해 더 큰 친밀함과 신뢰를 느끼게 된다.

영으로 기도하는 것은 하나님의 기쁘신 뜻에 따라 하나님이 행하시는 일이다. 하나님의 따뜻한 손길과 체온을 느끼는 시

간이다. 하나님 안에서 하나님이 원하시는 일에 동참하는 영광의 시간이다.

우리는 하나님 안에 있을 때 나의 영혼을 본다. 그래서 성령님의 도움이 없이는 살 수 없음을 인식하며 항상 성령님의 임재를 구한다. 하나님만이 선하심을 믿고 그 뜻하신 일을 이루어 새 생명을 살리는 일에 참여하는 기쁨을 누리길 기도한다. 오직 하나님만이 나를 비추는 거울이 된다. 하나님 안에서 나의 모습을 되돌아보고 하나님을 따라야 한다. 이것이 하나님의 뜻임을 고백하는 기도이다. 방언으로 기도하면 나의 영이 기도하므로 내가 영으로 기도하고 마음으로도 기도해야 하고 입술로는 말을 한다.

방언은 성령이 기도하므로 성령이 우리의 연약함을 도우시고 우리가 기도할 바를 알지 못해도 성령께서 우리를 위하여 친히 기도해 주신다. 따라서 방언기도는 개인에게는 가장 좋은 하나님의 선물이고 유익한 기도이다.

방언기도의 무용론을 주장하는 사람들도 있지만 방언기도는 성령의 은사다.

방언기도는 자유다. 방언기도를 사모하고 간구하라. 방언기도가 믿음이 좋고 성령이 충만할 때 나타나는 증거라고 단정

할 수 없지만 필요하다. 그리고 방언기도를 안 한다고 해서 성령이 충만하지 않는 것도 아니다.

예수 그리스도의 사람들은 육체와 함께 정욕과 탐심을 십자가에 못 박았으므로 성령이 우리 안에 들어와 성령으로 살면 성령으로 행한다. 성령으로 행함의 열매는 사랑이다. 방언하는 기도를 알아들을 수 있고 기도 속에 하나님의 사랑이 있으면 족하다.

> "온 교회가 함께 모여 다 방언으로 말하면 알지 못하는 자들이나 믿지 아니하는 자들이 들어와서 너희를 미쳤다 하지 아니하겠느냐."(고전 14:23)

> "너희가 모일 때에 각각 찬송시도 있으며 가르치는 말씀도 있으며 계시도 있으며 방언도 있으며 통역함도 있나니 모든 것을 덕을 세우기 위하여 하라."(고전 14:26)

> "만일 통역하는 자가 없으면 교회에서는 잠잠하고 자기와 하나님께 말할 것이요."(고전 14:28)

방언은 믿지 않는 사람들에게는 표적이 될 수 있고 도움이 되지 않는다.

교회에서 집단적으로 통역 없이 방언기도를 하는 것은 비성경적이다. 방언으로 기도하는 것은 때와 장소를 가려서 할 필요가 있다. 특히 방언을 통역할 사람이 없으면 교회에서는 잠잠하고 집에서 혼자 자기와 하나님께만 말하고 기도하라.

방언은 인간이 사용하는 언어가 아니다.

우리는 우리의 언어로 말하고 듣고 있다. 그러나 방언은 비언어여서 인간이 알아들을 수 없기 때문에 반드시 통역이 필요하다. 방언을 말하는 사람은 통역을 하여 교회에 덕을 세우지 않으면 예언하는 사람보다 못하다고 한다.

방언하는 사람은 자기의 덕을 세우는 것이고 예언하는 사람은 사람에게 말하여 교회에 덕을 세우고 권면하며 위로를 한다. 그래서 방언을 말하여도 계시나 지식이나 예언이나 가르치는 것으로 말하지 않으면 교회에 유익하지 않다.

방언소리의 뜻을 알지 못하면 허공에 말하는 것이고 외국어로 말하는 사람이 된다. 따라서 방언을 하는 사람은 통역하게 되기를 기도해야 한다. 그렇지 않으면 영으로 축복할 때에 우리는 알지 못한다.

> "그들이 다 성령의 충만함을 받고 성령이 말하게 하심을 따라 다른 언어를 말하기 시작 하니라."(행 2:4)

> "우리가 각 사람이 난 곳 방언으로 듣게 되는 것이 어찌 됨이냐."(행 2:8)

천하 각국에서 모인 우리가 다 우리의 각 언어로 하나님의 큰

일을 말함을 듣는다면 방언의 은사를 누구나 받을 수 있다.

방언기도를 포함해서 모든 기도는 항상 성령 안에서 하고 깨어서 구하기를 힘쓰며 여러 성도와 교회를 위해 기도하라. 하나님이 우리 안에 참으로 계신다는 것을 기도로 전파하라.

> "내 형제들아 예언하기를 사모하며 방언하기를 금하지 말라 모든 것을 품위 있게 하고 질서 있게 하라."(고전 14:39~40)

예언하는 것이나 가르치는 것은 사람에게 말하여 덕을 세우는 것이므로 사모하며 방언을 금하지 말라.

하나님이 주신 각자의 은사를 품위 있고 질서 있게 사용하며 서로 덕을 세우면 하나님의 위로를 받을 것이다.

# 감사기도

## 절망 중에도 감사하는 기도가 가장 좋은 기도다

매사에 감사하는 마음이 있을 때 행복을 가져온다.

> "범사에 감사하라.
> 이것이 그리스도 예수 안에서 너희를 향하신 하나님의 뜻이니
> 라."(살전 5:18)

아무것도 염려하지 말고 오직 모든 일에 기도와 간구로 너희 구할 것을 감사함으로 하나님께 아뢰라. 그리하면 모든 지각에 뛰어난 하나님의 능력이 그리스도 예수 안에서 너희 마음과 생각을 지키시리라.

하나님께서 친히 우리를 거룩하게 하셨고 예수님께서 재림하실 때 흠이 없이 온전하게 보전할 것이다.

우리는 고난 중에도 감사의 조건을 찾고 기쁨으로 감사기도

를 해야 한다. 살이 찢어질 것 같은 고통과 죽을 것 같은 고난이 와도 내 자신을 하나님께 아뢰고 내 자신을 돌이켜 보고 내 모든 것을 하나님께 드리는 감사기도를 해야 한다. 그래야 하나님과 친밀한 관계를 맺고 하나님과 관계를 계속 유지할 수 있다. 그런데 우리는 고난을 당하고 하나님께서 기도를 들어주지 않으면 낙심하고 관계를 끊어버리는 경우가 많다. 특히 감사기도를 하지 않는다. 하나님 앞에 드리는 우리의 기도는 나를 위해 필요한 것들을 구하는 기도가 되어서는 안 된다. 하나님 나라와 하나님의 뜻을 먼저 구하고 하나님이 기뻐하시는 일을 구할 때 비로소 하나님께서 우리가 구하는 모든 것을 들어주신다는 것을 알아야 한다. 그렇게 되면 어떠한 형편과 사정에서도 감사기도를 할 수 있다.

하나님은 우리가 구하는 것을 도깨비방망이처럼 금방이라도 들어주고 싶어 하신다. 예수님을 십자가에 못박혀 죽게 하시면서까지 우리를 향한 사랑을 확증해 보여주셨는데 무엇을 못 해주시겠는가?

하나님은 우리에게 항상 찾아오시는 하나님이다.

하나님은 우리의 마음과 감정을 알고 함께 즐거움과 고통을 나누시는 따뜻한 살아계신 하나님이다. 내가 기도하는 것보다 더욱 많이 응답하시는 하나님이다.

그런데 하나님은 우리가 구하는 것을 도깨비방망이처럼 금방

들어주지 않고 고난을 주고 낙심케 할까?

사도 바울의 기도와 고린도교회 등에 보낸 서신 내용을 살펴보면 그 해답이 있다.

> "우리가 낙심하지 아니하노니 우리의 겉 사람은 낡아지나 우리의 속사람은 날로 새로워지도다."(고후 4:16~17)

> "그리스도의 고난이 우리에게 넘친 것 같이 우리가 받는 위로도 그리스도로 말미암아 넘치는도다.

> 우리가 환난을 당하는 것도 너희가 위로와 구원을 받게 하려는 것이요 … 고난을 견디게 하느니라."(고후 1:5~6)

사도 바울은 그리스도를 전하는 중에 능욕과 궁핍과 박해를 당하는 고난을 겪고 몸은 쇠약해졌지만 속사람은 날로 새로워지고 내가 약할 때 하나님께로부터 더 큰 위로를 받으므로 가장 강하다고 고백하면서 감사기도를 하고 편지를 쓴다.

> "간구할 때마다 너희 무리를 위하여 기쁨으로 항상 간구함은"
> (빌 1:4)

사도 바울은 빌립보교회 성도들이 어떤 환난 속에서도 복음을 위한 일에 참여하고 있기 때문에 기쁨과 감사함으로 기도하고 편지를 쓴다고 말한다.

"나를 위하여 구할 것은 내게 말씀을 주사 나로 입을 열어 복음의 비밀을 담대히 알게 하옵소서 할 것이니 이 일을 위하여 내가 쇠사슬에 매인 사신이 된 것은 나로 이 일에 당연히 할 말을 담대히 하게 하려 하심이라."(엡 6:20)

사도 바울은 감옥에서 쇠사슬에 매여 고난을 받으면서도 하나님의 말씀을 담대히 전하게 하려고 하신다고 말하면서 감사의 편지를 쓴다.

"여러 계시를 받은 것이 지극히 크므로 너무 자만하지 않게 하시려고 내 육체에 가시 곧 사탄의 사자를 주셨으니 이는 나를 쳐서 너무 자만하지 않게 하려하심이라."(고후 12:5)

유대인들이 돌로 사도 바울을 치고, 눈이 어두워지고 육체의 아픔으로 인하여 괴로움이 있어도 이 모든 것들은 하나님으로부터 받은 은혜가 너무 커서 자만하지 않게 하려고 한다고 스스로를 위로하면서 편지를 쓴다.

사도 바울처럼 어떤 형편에서도 하나님 앞에 순복하고 하나님을 위하여 감사와 찬양을 드리고 하나님의 말씀을 내 삶으로 전하면 하나님으로부터 은혜와 평강을 받을 것이다. 하나님은 실수가 없는 분이기 때문이다.

"여호와여 의의 호소를 들으소서 나의 울부짖음에 주의하소서
거짓되지 않은 입술에서 나오는 나의 기도에 귀를 기울이소서."
(시 17:1)

"너희가 내게 부르짖으며 내게 와서 기도하면 내가 너희들의 기
도를 들을 것이요. 너희가 온 마음으로 나를 구하면 나를 찾을
것이요 나를 만나리라"(렘 29:12~13)

우리의 기도 중에 하나님께서 무엇을 계획하고 준비하고 있
는지, 하나님의 뜻은 무엇인지, 내 안에 욕심으로 구하고 있는
것은 없는지 살피고, 하나님이 어떻게 내 기도를 이루어 가시
는지를 기도를 통해서 깨달아야 한다.

그때 내가 교만하지 않고 하나님을 의지하며 하나님이 기뻐하
시는 일을 하게 된다. 그럴 때 내 생각과 모든 것을 아시는 하
나님께서 내 기도를 들으시고 기억해두셨던 모든 것을 이루어
주시고 지켜주신다.

하나님은 나의 힘입니다. 나의 방패십니다.
나의 요새입니다.
하나님을 찬양합니다.

기도를 통해서 그동안 돌봐주시고 베풀어주신 하나님의 은혜
를 기억해내고 생각하면 내가 누리고 사는 것이 헤아릴 수 없

이 많다. 감사기도뿐이다.

감사기도는 내가 구하는 것에 하나님이 반응하는 것이 아니라 내가 하나님의 말씀에 반응하고 변화될 때 하는 기도라고 생각하자. 그러면 늘 감사기도를 드릴 수 있을 것이다.
감사기도는 긍정의 마음이 필요하다.

# 기도 응답

## 너희가 기도할 때 무엇이든지 믿고 구하는 것은 다 받으리라

"구하라 그리하면 너희에게 주실 것이요. 찾으라. 그리하면 찾아낼 것이요."

> "영접하는 자 곧 그 이름을 믿는 자들에게는 하나님의 자녀가 되는 권세를 주셨으니"(요 1:12)

> "너희가 내게 부르짖으며 내게 와서 기도하면 내가 너희 기도를 들을 것이요 너희가 온 마음으로 나를 구하면 나를 찾을 것이요 나를 만나리라."(렘 29:12)

기도의 응답은 바로 하나님의 자녀가 되는 권세를 받는 것이다. 하나님의 자녀가 되는 것은 혈통으로나 육정으로나 사람의 뜻으로 나지 아니하고 오직 하나님께로부터 난다.

"바리새인들의 누룩 곧 외식을 주의하라. 감추인 것이 드러나지 않는 것이 없고 숨긴 것이 알려지지 않는 것이 없나니 이러므로 너희가 어둔 데서 말한 모든 것이 광명한 데서 들리고 너희가 골방에서 귀에 대고 말한 것이 지붕 위에서 전파되리라."(눅 12:1~2)

"아들이 아버지께서 하는 일을 보지 않고는 아무것도 스스로 할 수 없나니 아버지께서 행하시는 그것을 아들도 그와 같이 행하리라. 아버지께서 아들을 사랑하사 자기가 행하시는 것을 다 아들에게 보이시고 또 그보다 더 큰일을 보이사 너희로 놀랍게 여기게 하시리라."(요 5:19)

하나님과의 관계 속에서 하나님을 믿고 하나님의 뜻을 따라 기도하면 하나님을 볼 수 있고 하나님의 음성을 들을 수 있다. 그런데 우리는 내가 보고 싶은 것, 듣고 싶은 것만 하고 싶어 한다. 우리는 조물주보다 피조물들을 더 숭배한다. 결국 하나님이 하시는 일을 보지 못한다. 하나님을 만나지도 못하고 보지도 못하면서 기도 응답은 기다린다.

"너희가 얻지 못함은 구하지 아니하기 때문이요. 구하여도 받지 못함은 정욕으로 쓰려고 잘못 구하기 때문이라."(약 4:2~3)

"주인의 뜻을 알고도 준비하지 아니하고 그 뜻대로 행하지 아니한 종은 많이 맞을 것이요."(눅 12:47)

기도 응답을 받으려면 하나님과의 관계 속에서 교제하고 사랑에 깊이 빠져야 한다.

그렇지 않으면 하나님은 응답하지 않는다. 침묵하고 계신다. 그러면 우리는 나를 버렸구나 하면서 불평과 원망을 한다. 그것은 불신앙이고 죽음이다.

하나님은 오래 기다리고 계신다. 돌아오라, 회개하라, 부르시는 하나님의 음성을 들어야 한다. 오직 기도로 하나님께 선을 구하는 기도를 해야 한다.

그래야 응답하신다.

> "나의 영혼아 잠잠히 하나님만 바라보라 무릇 나의 소망이 그로부터 나오는도다. 오직 그만이 나의 반석이시요 나의 구원이시요 나의 요새이시니 내가 흔들리지 아니하리로다."(시 62:5~6)

우리는 우리가 원할 때 드러나지 않는 하나님에 대하여 불평하고 원망하곤 한다.

기도 응답이 없을 때는 내가 하나님 앞에 어떻게 기도하고 있는지를 되돌아보고 하나님을 믿고 조용히 성찰하고 기도해야 한다. 그리고 오직 하나님만을 신뢰하고 흔들림 없는 기다림이 필요하다. 우리의 피난처는 하나님 외에는 달리 없기 때문이다.

> "하나님이여 내 기도에 귀를 기울이시고 내가 간구할 때 숨지 마소서 내게 굽히사 응답하소서 내가 근심으로 편하지 못하여 탄식하오니"(시 55:1)

모든 근심 걱정을 주께 맡기고 기도와 간구로 주께 나아가라. 하나님의 인격을 믿으라. 하나님은 숨지 않으시고 내 기도에 귀 기울이시고 늘 우리와 함께 계신다.

> "사랑하는 자들아 주께는 하루가 천 년 같고 천 년이 하루 같다는 이 한 가지를 잊지 말라. 주의 약속은 어떤 이들이 더디다고 생각하는 것 같이 더딘 것이 아니라 오직 주께서는 너희를 대하여 오래 참으사 아무도 멸망하지 아니하고"(벧후3:8~9)

하나님은 하나님의 때에 하나님의 선한 방법으로 우리의 마음을 변화시키면서 응답하신다.

조용필의 〈꿈〉을 좋아한다. 그 노랫말을 보면 화려한 도시를 그리며 찾았고 그곳은 춥고 험한 곳이었다는 것, 아무도 이야기해 주지 않았다는 것이다. 내가 청년 시절 처음 서울에 왔을 때 그랬다. 내가 살아온 이야기 같아서 공감이 가고 위로가 되었기 때문이다.

배고프고 가난한 어린 시절을 떨쳐 버리고 부자로 사는 길은 오직 공부를 열심히 하는 길이라고 생각하고 1979년 대학을 진학하기 위해 상경했다. 서울 생활은 더욱 힘들었다. 아무런 연고도 없이 공부하겠다고 혈혈단신 서울에 왔으니 그랬다.

자취방을 구할 수 없어서 독서실 신세를 질 수밖에 없었다. 독서실 추운 바닥에서 새우잠을 자고, 독서실 바깥에 있는 석유곤로에 라면을 끓여 끼니를 때우는 것이 일상생활이었다.

꿈을 찾아 천리 길을 떠나 서울에 왔지만 괴롭고 험한 길이었고 어느 누구 한 사람 도움을 주는 사람이 없었다. 그때 교회를 나갔으면 교회 공동체를 만나서 위로를 받고 하나님의 인도함을 받아 살았을 것을 회한해 본다.

그리스도인들이 하나님 앞에 하는 기도가 육신의 정욕과 안목의 정욕으로 하는 경우가 많다. 내게 필요한 것만을 구하는 것은 기도가 아니다. 기도의 의미를 정확히 알고 기도하는 것이 필요하다. 즉 진정한 기도는 하나님께서 가르쳐 주신 기도를 하면서 내가 구할 것을 구하는 것이라 생각한다.

> "비록 무화과나무가 무성하지 못하며 포도나무에 열매가 없으며 감람나무에 소출이 없으며 밭에 식물이 없으며 우리에 양이 없으며 외양간에 소가 없을지라도 나는 여호와를 말미암아 즐거워하며 나의 구원의 하나님을 말미암아 기뻐하리로다."(합 3:17~18)

우리는 하박국 선지자처럼 기도할 수 있을까. 우리는 세상 풍습을 따라 살고 세상에서 인정받고 싶고 자랑하고 싶고 권력과 명예와 물질을 좇아 사는데 하나님께서 나의 기도를 응답하실까? 우리는 기도하는 중에 하나님께서 계획하고 준비하고 있는 것이 무엇인지 내 안에 욕심에서 구하고 있지는 않는지 살피고, 기다림을 통하여 하나님의 응답을 기다려야 한다.

> "너희가 내게 부르짖으며 내게 와서 기도하면 내가 너희들의 기도를 들을 것이요. 너희가 온 마음으로 나를 구하면 나를 찾을 것이요 나를 만나리라"(렘 29:12~13)

하나님은 나를 살펴보셨으므로 나의 모든 것을 다 아시는 하나님이시다. 하나님은 나의 생각도 아시고 나의 모든 행동도 아시고 알지 못하는 것이 하나도 없으시다. 그러나 하나님께 나가서 온 마음을 다하여 기도할 때 하나님은 나의 기도에 반응하시고 만나주실 것이다.

> "그러므로 내가 너희에게 말하노니 무엇이든지 기도하고 구하는 것은 받은 줄로 믿으라 그리하면 너희에게 그대로 되리라."
> (막 11:24)

하나님의 계획과 마음이 나의 마음과 생각이 같을 때 내 기도를 들으실 것이요, 이루어 주시고 지켜 주실 것이다. 믿어라 그리하면 그대로 되리라.

> "사랑하는 자들아 주께는 하루가 천년 같고 천년이 하루 같다는

이 한 가지를 잊지 말라. 주의 약속은 어떤 이들이 더디다고 생각하는 것 같이 더딘 것이 아니라 오직 예수께서는 너희를 대하여 오래 참으사 아무도 멸망하지 아니하고 다 회개하기에 이르기를 원하시느니라."(벧후3:8~9)

하나님의 계산 방법은 우리와 다르므로 기도 응답이 어느 날 도둑같이 오리니 항상 시험에 들지 않도록 깨어서 기도하라.

기도에 No라고 응답할 때가 있다. 기도에 No라고 응답할 때, 영적 분별력을 가지자. 우리가 기도하는 이유는 하나님의 응답보다 기도를 통해서 하나님의 뜻을 알고 내 자신을 돌아보고 깨닫는 것, 즉 성찰하는 것이 중요하다. 그리고 하나님의 뜻에 순종하기 위해 기도하는 것이다.

우리의 기도 응답은 'Yes'만 있는 것이 아니라 'No'도 있다는 것을 깨달아야 한다. 내 기도와 반대의 결과가 나왔을 때는 기다림을 통하여 하나님의 계획과 뜻이 어디에 있는지를 살펴야만 낙심하지 않고 기도할 수 있을 것이다.

우리는 하나님 뜻에 순종하고 하나님의 절대주권을 믿고 도움을 기도로 구할 때 Yes라는 기도 응답을 받을 수 있다. 그러나 우리는 세상 풍습을 쫓아 살면서 내가 필요로 하는 권력과 명예와 물질을 구하고 세상에서 인정받고 싶고 자랑하고 싶어 한다. 그것을 위하여 하나님께 기도했을 때는 당연히 No라

기도는 호흡이다

는 응답을 할 것이다.

> "내 생각이 너희 생각과 다르며 내 길은 너희 길과 다름이니라 여
> 호와의 말씀이니라 이는 하늘이 땅보다 높음같이 내 길은 너희
> 길보다 높으며 내 생각은 너희의 생각보다 높음이니라"(사 55:8)

기도 응답이 우리의 기도와 다를 수 있고 응답하지 않으실 때
도 있다. 특히 물질을 구했을 때 물질을 주지 않더라도 하박
국 선지자처럼 하나님으로 말미암아 기뻐하고 즐거워하며 하
나님의 높은 생각을 헤아리는 기도를 해야 한다. 그렇게 기도
하면 소망이 생기고 낙심하지 않고 기뻐할 수 있을 것이다.

> "가나안 여자 하나가 그 지경에 나와서 소리 질러 이르되 주 다
> 윗의 자손이여 나를 불쌍히 여기소서 내 딸이 흉악하게 귀신
> 들렸나이다 하되 예수는 한 말씀도 대답하지 아니하시니 …"
> (마 15:22~23)

기도 중에 하나님의 침묵하심과 무관심은 가장 무서운 응답
이다. 무관심은 우리를 내버려두시는 것이다. 우리를 내버려
두는 것은 하나님의 무서운 진노이며 심판(징벌)이다.

> "욕심이 잉태한 즉 죄를 낳고 죄가 장성한즉 사망을 낳느니라."
> (약 1:15)

단순히 자신의 욕심으로 바라는 것을 얻기 위해 부르짖는 기도는 내버려두신다. 마음에 하나님 두기를 싫어함으로 그대로 두어 결국 사망(심판)에 이르게 한다.

> "썩어지지 않는 하나님의 영광을 썩어질 사람과 새와 짐승과 기어다니는 동물모양의 우상으로 바꾸었느니라. 그러므로 하나님께서 마음의 정욕의 더러움에 내버려 두사 … 순리대로 쓸 것을 바꾸어 역리로 쓰며."(롬 1:23~26)

하나님보다 우상을 더 경배하고 섬기며 마음의 정욕과 부끄러운 욕심으로 기도하면 순리대로 쓸 것을 바꾸어 반대로 쓰시는 하나님이다. 그러나 가나안 여자의 믿음과 수로보니게 여자의 믿음을 보자. 자기 딸에게서 귀신을 쫓아내 주기를 간구했다. 예수님은 무관심으로 침묵한다. "이스라엘 집의 잃어버린 양 외에는 보냄을 받지 않았다"고 말씀하신다. 여자가 와서 무릎을 꿇고 자신의 간청에 응답할 수 있는 능력과 지혜를 가진 사람은 예수님뿐이라는 믿음을 가지고 엎드려 절하며 도와달라고 했다.

> "여자여 내 믿음이 크도다. 네 소원대로 되리라 하시니."(마 15:28)

하나님만 할 수 있는 믿음에 대한 간청이었다. 귀신이 나갔다. 두 여자의 믿음의 결과이다.

"내 육체에 가시 곧 사탄의 사자를 주셨으니 이는 나를 쳐서 너무 자만하지 않게 하려 하심이라. 이것이 내게서 떠나가게 하기 위하여 내가 세 번 주께 간구하였더니."(고후 12:7~8)

사도 바울의 기도를 살펴보자.

사도 바울은 몸이 약한 사람이었고 몸에 있는 가시가 평생을 괴롭히고 아픔을 주었다. 그래서 세 번이나 기도했다. 하나님은 "내 은혜가 네게 족하도다" 하시며 사도 바울의 기도를 No로 응답하셨다.

하나님의 뜻은 사도 바울을 교만하지 않게 하고 능력이 약한 자지만 온전하게 나아갈 수 있도록 하는 것을, 그리스도의 능력이 머물게 하기 위해 몸에 가시를 가지도록 하셨다는 것을 사도 바울은 알았다. 그 가시가 자기 몸의 일부라고 생각하고 기뻐하며 살았다. 그리스도를 위한 것이면 내게 약한 것들, 내가 겪는 능욕과 궁핍과 박해와 곤고를 기뻐한다고 사도 바울은 고백한다. 그리고 내가 약할 때 하나님은 강함을 주신다고 했다.

"너희 중에 고난당하는 자가 있느냐 그는 기도할 것이요. 즐거워하는 자가 있느냐 그는 찬송할지니라.
너희 중에 병든 자가 있느냐 그는 교회의 장로들을 청할 것이요. 그들은 주의 이름으로 기름을 바르며 그를 위하여 기도할지니

라. 믿음의 기도는 병든 자를 구원하리니 주께서 그를 일으키시리라. 너희 죄를 서로 고백하며 병 낫기를 위하여 서로 기도하라 의인의 간구는 역사하는 힘이 큼이니라.”(약 5:13~16)

우리는 병이 들어 기도할 때 전부 병 낫기를 기도한다. 그러나 하나님은 병을 낫게 하는 사람도 있고 그렇지 않는 사람도 있다. 하나님의 방법은 우리가 알지 못한다. 그러나 하나님은 우리를 사랑하신다. 하나님은 자기가 사랑하는 자를 사랑하는 방법이 다양하므로 결코 우리를 낙심치 않게 할 것이다. 기다리며 그 뜻을 헤아리자.

"내 능력이 약한 데서 온전하여짐이라 하신지라 그러므로 도리어 크게 기뻐함으로 나의 여러 약한 것들에 대하여 자랑하리니 이는 그리스도의 능력이 내게 머물게 하려 함이라.”(고후 12:9)

사도 바울이 내 몸에 가시를 내 것으로 받아들이고 기뻐하고 감사할 때 새롭게 쓰임받는 것처럼 하나님이 원하시는 것은 하나님이 마음대로 할 수 있도록 맡기고 의지하자.
우리 각자에게 크든 작든 가시가 있다. 그 가시 때문에 삶 속에 고통과 시련이 있고 간절한 기도를 하지만 상달되지 않을 때 요동치는 감정 때문에 넘어질 수 있다. 그럴 때일수록 겸손한 마음으로 받고 감사함으로 받으면 내 안에 가시가 저주가 아니라 유익한 하나님의 선물이 될 것이다. 그러면 우리는 기쁨과 자유를 누리게 될 것이고 약한 자이나 강한 자로 하나님이 빚어갈 것이다.

하나님이 내 기도를 No라고 응답하실 때 내가 원하는 관점에서 하나님을 보지 말고 하나님의 관점에서 하나님을 바라보는 영적 분별력을 가지면 그 속에 답이 있을 것이다. 하나님은 하나님의 백성을 늘 돌보시고 선한 길로 인도하신다.

하나님은 선하시다.

> "누구든지 있는 자는 받겠고 없는 자는 그 있는 줄 아는 것 까지도 빼앗기리라 하시니라."(눅 8:16~18)

기도를 통해서 기도 응답을 받았을 경우와 받지 않았을 경우 우리는 어떻게 해야 할지 생각해 보자.

기도 응답을 받았을 경우에 대부분은 잊어버린다. 기도 응답을 기억하고 실천하는 것이 기도 응답보다 더 중요하다는 것을 알아야 한다. 그리고 내 삶으로 기도가 드러나는 것이 기도 응답이라는 사실을 체험하자.

기도 응답이 없을 때에도 내 마음의 중심으로 기도하지 않고 하나님 중심으로 기도하면 반드시 기도 응답을 받을 것이다. 그렇지 않으면 있는 것까지도 빼앗기리라.

"항상 기도하고 낙심하지 말라"(눅 8:1)

"하나님께서 밤낮으로 부르짖는 택하신 자들의 원한을 풀어 주
지 아니하시겠느냐 그들에게 오래 참으시겠느냐 내가 너희에게
이르노니 속히 그 원한을 풀어 주시리라.
그러나 인자가 올 때에 세상에서 믿음을 보겠느냐 하시니라."
(눅 8:7~8)

기도는 이루어지지 않을 수 있다.

그러나 하나님께서 우리의 기도를 듣고 계시니 낙심하지 말고
항상 쉬지 말고 기도하라. 하나님께 버림받았다고 생각할 때
하나님의 응답이 없으면 외침, 절규, 탄식할 수 있다. 그러나 기
도는 우리에게 유익의 유무에 관계없이 해야 한다. 아무것도 가
진 것 없는 무익한 자에게 자족하는 마음을 주심으로 풍부함
과 충만함을 누리고 사는 삶을 주신 것에 감사하며 기도하라.
하나님의 명령이다.

# 새벽기도

## 하루의 시작, 첫 시간을 하나님 앞에서 기도하자

하루의 시작을 하나님의 말씀을 작은 소리로 읊조리며 출발하면 하나님은 나를 도우시므로 참 행복하다.

"내가 새벽을 깨우리로다."(시 57:8)

"내가 나의 침상에서 주를 기억하며 새벽에 주의 말씀을 작은 소리로 읊조릴 때에 하오리니 주는 나의 도움이 되셨음이라."(시 63:6~7)

"새벽에 하나님이 도우시리로다."(시 46:5)

하루 첫 시간을 하나님께 드리는 기도, 매일매일 새날을 주심에 감사드리는 기도, 눈을 뜨고 영혼이 가장 맑은 때에 구별하여 하나님께 예배드리는 첫 시간이 새벽기도다. 새벽에 기도하면 하나님께서 도와주리라 약속하신다.

"새벽 아직도 밝기 전에 예수께서 일어나 나가 한적한 곳으로 가
사 거기서 기도하시더니."(막 1:35)

예수님께서도 공생애 동안 동트기 전 새벽 시간에 한적한 곳으
로 가서 늘 하나님께 기도하고 교제하는 시간으로 사용하
셨다.

다니엘처럼 하루에 세 번씩 무릎을 꿇고 규칙적인 기도생활도
중요하지만 이른 아침에 기도하는 것은 기도를 방해하거나
유혹하는 것이 적어서 하나님께 더 집중되고 친밀한 교제를
할 수 있다고 생각한다.
오늘 하루를 시작하기 전에 기도함으로써 오늘 일과를 내가
계획할지라도 모든 것을 하나님께 맡기고 의지하고 하나님의
인도함 따라 사는 습관이 된다.

"하나님이여 내 마음을 정하였사오니 내가 노래하며 나의 마음
을 다하여 찬양하리로다."(시 108:1)

하루를 시작하면서 새벽부터 내 마음을 정결하게 하여 하나님
의 은혜를 구하는 기도, 하나님을 신뢰하고 의지하는 마음을
가지고 새벽에 내 마음을 다하여 하나님께 드리는 찬양과 기

도가 내 자신을 위한 기도가 아니라 하나님을 위한 것이라고 기도하면 하나님이 기뻐하시는 산제사가 된다.

> "내가 날이 밝기 전에 부르짖으며 주의 말씀을 바랐사오며 주의 말씀을 조용히 읊조리고 내가 새벽에 눈을 떴나이다."(시 119:147)

하루 첫 시간을 말씀묵상과 기도로 시작하면 내 마음속에 하나님의 말씀이 마음속에 빈틈이 없이 채워져 공허함이 없어진다.
내가 비록 가난할지라도 부족함이 하나도 없다.
하나님의 말씀이 채워져 그 능력으로 하루를 시작하며 살기 때문에 고난과 실패가 따를 수 있지만 하루 일과 중에 있을 수 있는 방해하는 모든 것을 막아주시고 제거해주실 것이라는 믿음이 있으니까 오늘 하루를 즐겁고 행복하게 시작할 수 있다.

하루 첫 시간을 하나님의 다스림을 받고 하나님의 이름으로 시작하기 때문에 두려울 게 하나도 없다.
하나님의 자비와 사랑이 충만하므로 하나님이 동행해주시므로 늘 기쁘게 산다.

이 모습을 보는 하나님은 기뻐할 것이고 우리는 결국 하나님 앞에서 성공할 것이다.
이것은 하나님의 계획과 뜻이 이루어지는 것이고 내가 드리는 새벽기도의 수고가 헛되지 않고 하나님 곁으로 더욱 가까이 다가가는 것이다.

새벽기도는 새벽에 반드시 하나님 앞에 드리는 기도라기보다는 하루를 시작하는 첫 시간을 하나님 앞에서 출발하는 시간이다. 때문에 각자가 이른 새벽이나 아침에 일어나서 바로 내 마음을 정결하게 하고 내 마음을 다하여 하나님 앞에 기도하는 것이 바로 새벽기도라고 생각한다.

하루를 시작하는 출발점에 매일매일 하나님께 찬양과 기도로 시작하자. 바쁜 일과 속에서도 쉼이 있고 보람이 있을 것이다. 그래서 새벽기도가 중요하다.

# 기도해야 하는 이유

하나님이 하나님 됨을 알게 하고
하나님의 선한 일을 이루게 하려고 기도한다
기도는 호흡이기 때문에 하지 않으면 죽는다


하나님은 인격자이시다.

하나님의 인격체를 인정하고 하나님의 권세를 인정하는 것이
하나님이 하나님 됨을 아는 것이다. 이를 위해서 기도하는 것
이다. 기도하면 하나님과 관계를 경험하게 되고 하나님을 사
랑하게 되기 때문에 자기 자신을 부인하고 자기 십자가를 지
고 예수님을 따르게 된다. 그렇게 되면 하나님의 말씀대로 행
함이 있게 되고 내 모습은 생명력을 갖게 된다. 이것이 하나님
의 선한 일이다. 하나님의 말씀과 기도가 없으면 생명력을 상
실한다. 예수님을 따르는 길은 고난이 있지만 생명의 길이다.

예수님은 기적으로 예수님의 권위와 능력을 보여주셨다.

떡 다섯 개와 물고기 두 마리, 오병이어 사건, 바다를 꾸짖고 바다를 잠잠하게 하는 사건, 바다 위를 걸어간 사건은 기적을 통해 예수가 자연을 통치하고 다스릴 수 있는 능력을 가진 하나님의 아들이라는 것을 보여주는 것이다.

특히 오병이어 사건에서 모든 사람(남자만 5천 명 정도)이 배부르게 먹고 남은 떡 조각과 물고기가 열두 바구니나 되었다는 의미는 하나님 나라의 풍성함과 하나님의 은혜는 풍성함으로 채워진다는 것을 설명하고 있다.

기도하면 오병이어 사건을 통하여 예수님이 우리를 배부르게 하는 진정한 우리의 목자이심을 알게 하고 풍성함으로 채워주시는 곳이 하나님 나라임을 보여주고 있다.

> "이제는 너희가 하나님을 알 뿐만 아니라 더욱이 하나님이 아신 바 되었거늘 어찌하여 다시 약하고 천박한 초등학문으로 돌아가서 다시 그들에게 종노릇 하려 하느냐."(갈 4:9)

기도함으로 모든 세계가 하나님 말씀으로 지어진 것을 우리가 알고 믿고 순종하고 뜻을 다하여 하나님 말씀을 청종하면 하나님께서 마음을 돌이켜 선을 행하고 긍휼히 여겨 조상들보다 더 번성케 하고 새 영과 새 마음을 우리 속에 두어 생명을 얻게 하신다고 한다. 세상과 벗하지 않고 세상의 권력에 종노릇하지 않고 자유를 누리고 산다.

> "좁은 문으로 들어가라 멸망으로 인도하는 문은 크고 그 길이 넓
> 어 그리로 들어가는 자가 많고 생명으로 인도하는 문은 좁고 길
> 이 협착하여 찾는 자가 적음이라."(마 7:13~14)

하나님을 신뢰하고 순종할 수 있을 때까지 하나님 말씀을 보
고 기도하면 예수님과 같은 십자가의 길, 좁은 길, 고난의 길
을 기쁨으로 갈 수 있다.

그 길은 인기가 없다. 그러나 그리스도인은 그 길을 가야 한
다. 상황에 따라 믿음이 바뀌고 가야 할 길을 바꾸면 안 된다.
그렇기 때문에 우리는 기도해야 한다. 하나님의 명령을 지키
는 것은 어려운 것이지만 하나님의 멍에를 메고 가면 마음에
쉼을 얻고 짐은 가볍다. 하나님이 함께하시기 때문이다.

> "내가 그들의 불의를 긍휼히 여기고 그들의 죄를 다시 기억하지
> 아니하리라."(히 8:12)

> "너희는 그 은혜에 의하여 믿음으로 말미암아 구원을 받았으니
> 이것은 너희에게서 난 것이 아니요 하나님의 선물이라.
> 행위에서 난 것이 아니니 이는 누구든지 자랑하지 못하게 함이
> 라."(엡 2:8~9)

> "영생은 곧 유일하신 참 하나님과 그가 보내신 자 예수 그리스도
> 를 아는 것이니라."(요 17:3)

기도하는 것은 죄에 대하여, 의에 대하여, 심판에 대하여 알게 하려고 하는 것이다.

우리는 누구나 죄 아래에 있다. 죄는 하나님을 믿지 않는 것이다. 하나님의 뜻대로 행하지 않거나 내 소견대로 하는 것도 죄다. 그래서 의인은 없나니 하나도 없다고 말한다. 의는 하나님의 뜻을 아는 것이다. 예수 그리스도를 믿음으로 말미암아 하나님의 은혜로 값없이 의롭다 함을 얻은 사람이 되는 것이다.

심판은 하나님을 믿지 않는 사람에게 임하지만 믿고 기도하는 사람은 영생을 얻는다. 하나님의 심판은 피할 사람이 없다. 그러나 하나님의 뜻대로 행하는 사람은 행한 대로 보응하신다. 심판의 대상이 아니다.

영생은 곧 유일하신 참 하나님과 하나님이 보내신 예수 그리스도를 아는 것이다. 그리고 하나님 아버지께서 하라고 주신 일들을 내가 이루어 하나님 아버지를 이 세상에서 영화롭게 하는 것이다.

이것을 자기 스스로 점검하는 것이 기도를 해야 하는 이유다. 기도는 호흡하는 것이기 때문에 하지 않으면 죽는다. 그래서 해야 한다. 쉬지 말고 기도하라.

이것이 하나님의 뜻이다.

> "주는 우리 아버지시라 아브라함은 우리를 모르고 이스라엘은 우리를 인정하지 아니할지라도 여호와여 주는 우리 아버지시라 옛날부터 주의 이름을 우리의 구속자라 하셨거늘."(사 63:16)

하나님은 우리 아버지기 때문에 부모이기 때문에 관계를 끊을 수 없다. 그래서 우리의 기도에 귀 기울이신다.

기도하면 우리를 포기하지 않으신다. 때로는 투정하고 때로는 억지 부리고 하소연해도 돌아오기만 하면 아버지께서 전부 다 받아 주신다. 이것이 기도해야 하는 이유이다.

> "여호와께서 그가 땅의 높은 곳을 타고 다니게 하시며 밭의 소산을 먹게 하시며 반석에서 꿀을 굳은 반석에서 기름을 빨게 하시며… 그런데 여수룬이 기름지매 발로 찼도다. 네가 살찌고 비대하여 윤택하매 자기를 지으신 하나님을 버리고 자기를 구원하신 반석을 업신여겼다."(신 32:13~15)

하나님의 은혜를 잊으면 자기중심적으로 돌아간다. 특히 우리는 내가 배부르고 등이 따뜻하면 하나님을 등지고 내가 만든 우상을 쫓고 하나님의 마음을 멀리하고 하나님의 뜻을 헤아리지 않는다.

그래서 반드시 기도해야 한다.

# 하나님 나라의 시민권

## 내 이름을 욕되게 하지 말고 거룩히 여기라

"나의 영원한 이름이요 대대로 기억할 나의 칭호니라."(출 3:15)

"너는 네 하나님 여호와의 이름을 망령되게 부르지 말라"(출 20:7)

누구나 이름이 있다.

그 이름을 지을 때는 좋은 이름이라고 지었을 것이다. 하지만 빛나는 이름, 슬픈 이름, 기쁜 이름, 기억하고 싶지 않은 이름이 있다. 내 이름은 내가 책임져야 한다. 나는 세상에서는 무명자일지라도 하나님 나라 생명책에 기록되고 싶다.

이름은 개인의 정체성과 특성을 표현하고 다른 사람과 구별하기 위해 붙여서 부르는 말이다. 이름은 한번 지어지면 대개 평생 사용한다. 예수님을 믿고 예수님의 뜻을 본받고 행함이 있으면 내 이름은 생명책에 기록될 것이다. 이것이 새 생명의 삶을 사는 그리스도인들의 소망이고 큰 기쁨이다. 그리고 큰 축복이다.

> "또 내가 보니 죽은 자들이 큰 자나 작은 자나 그 보좌 앞에 서 있는데 책들이 펴 있고 또 다른 책이 펴 있으니 생명책이라 죽은 자들이 자기 행위를 따라 책들에 기록된 대로 심판을 받으니"
> (계 20:12)

> "누구든지 생명책에 기록되지 못한 자는 불못에 던져지더라."
> (계 20:15)

> "네가 소유를 팔아 가난한 자들에게 주라 그리하면 하늘에 보화가 네게 있으리라 그리고 와서 나를 따르라 하시니 청년이 재물이 많으므로 이 말씀을 듣고 근심하며 가니라."(마 19:21~22)

성경에 보면 부자들은 대개 이름이 나오지 않는다.

그들을 부자 청년, 부자로만 부르는 것은 그리스도인이 아닌 자, 죽은 자, 심판받은 자이기 때문이다. 그들은 생명책에 이름이 기록되지 않는다. 자기 행위대로 이미 심판을 받았기 때문이다. 그래서 이름이 없다. 그러나 거지 나사로는 하나님께서 주신 고난을 순응하면서 비참한 삶을 살았지만 죽은 후에 하나님의 위로를 받았다.

> "한 부자가 있어 자색 옷과 고운 옷을 입고 날마다 호화롭게 즐

기더라. 그런데 나사로라 이름 하는 한 거지가 헌데투성이로 그의 대문 앞에 버려진 채 그 부자의 상에서 떨어지는 것으로 배불리려 하매 심지어 개들이 와서 그 헌데를 핥더라. 이에 그 거지가 죽어 천사들에게 받들려 아브라함의 품에 들어가고 부자도 죽어 장사되매 그가 음부에서 고통 중에 눈을 들어 멀리 아브라함과 그의 품에 있는 나사로를 보고 불러 이르되 아버지 아브라함이여 나를 긍휼히 여기사 나사로를 보내어 그 손가락 끝에 물을 찍어 내 혀를 서늘하게 하소서 내가 이 불꽃 가운데서 괴로워하나이다."(눅 16:19~24)

부자는 자색 옷과 고운 옷을 입고 날마다 호의호식하며 이 땅에서 자기가 원하는 것, 누릴 수 있는 것은 전부 마음껏 누리고 살았다. 그런데 부자는 거지 나사로가 피부에 상처가 나서 헌데투성이로 부잣집 대문 앞에 버려진 채 그 부자의 상에서 떨어지는 것으로 배불리려 할 때 개들이 와서 그곳 헌데를 핥는 비참한 모습을 외면했다. 사람이라는 이름을 가진 사람이 그럴 수 있겠는가. 사람은 이웃을 내 몸같이 사랑하고 아픔과 상처를 치유하고 일으켜 세우고 섬기는 마음이 있어야 한다. 특히 그리스도인으로서 기도하는 사람은 믿음을 삶으로 증명하는 삶을 살아야 생명책에 이름을 기록할 수 있다. 그러나 부자는 죽은 자였기 때문에 심판받았다.

거지 나사로는 아무것도 없는 비천한 고아와 과부 같은 나약한 사람이었으나 하나님의 말씀을 받아들이고 기도하는 사람이었다. 반전이 일어났다. 거지 나사로는 죽어 천사들에게 받들려 아브라함의 품에 들어갔다. 반면 부자는 죽어 장사되어 음부에서 고통 중에 있으면서 아브라함과 그의 품에 있는 나사로를 보고 '아버지 아브라함'이라 부르면서 '나를 긍휼히 여기소서 나사로를 보내어 그 손가락 끝에 물을 찍어 내 혀를 서늘하게 하소서. 내가 이 불꽃 가운데서 괴롭습니다.' 애원한다.

> "그들은 자기 상을 이미 받았느니라."(마 6:2)

아브라함이 이르되 '너는 살아있을 때 좋은 것을 많이 받았고 나사로는 고난을 받았으니 위로를 받고 너는 괴로움을 받느니라. 그리고 우리 사이에는 구렁텅이가 놓여 있어 건너가고 오고 할 수 없다'고 말한다.

> "생명으로 인도하는 문은 좁고 길이 협착하여 찾는 자가 적음이라."(마 7:14)

> "너희는 하나님과 재물을 겸하여 섬길 수 없다."(눅 16:13)

내 이름을 욕되게 하지 않고 거룩히 여기는 것은 쉬운 일이 아니다. 물질의 소유를 최고의 가치라고 생각하는 세상 나라에서 물질을 내려놓고 하나님만 섬기는 것은 더욱 쉽지 않다. 우리는 돈을 좋아한다. 그러나 재물과 겸하여 하나님을 섬길 수 없다. 두 주인을 섬길 수 없다.

그래서 생명책에 내 이름을 기록하고 붙이는 것은 좁고 협착하다. 죽어서 내가 목마를 때 손가락에 물 한 방울 찍어 줄 단한 명의 사람도 없다고 생각하면 누군가에게 손을 내미는 마음이 있을 것이다. 그러기 전에 하나님을 믿고 섬기고 살기만하면 하나님이 손을 내밀 것이다. 이것이 하나님의 아름다운마음이고 사랑이다. 예수님의 십자가를 보면 그 사랑이 내 안에 넘치고 생명력이 살아있다.

그리스도인이라는 이름을 가진 우리가 하나님의 말씀과 기도를 상실하면 내가 죽고 썩어서 생명력이 없다. 생명책에 기록될 수 없다. 이름이 없는 백성이라서 하나님 나라에 속할 수없다.

　　"우리의 시민권은 하늘에 있는지라."(빌 3:20)

사람이 태어나면 이름을 지어 출생신고를 한다.
그러면 국적을 취득하고 시민권을 받아 나라에서 주는 혜택을누리며 시민의 의무를 다하면 된다. 예수님을 믿는 우리는 하나님 나라 시민권이 하나 더 있다. 시민권을 가지려면 예수님안에서 예수님을 본받고 행함이 있어야 한다. 우리의 시민권은 하늘에 있으므로 땅의 일에 생각을 두지 말고 예수 그리스도를 사모하고 기다리면 구원을 받고 우리의 낮은 몸을 예수님의 영광과 같은 몸과 형체로 변화시켜서 생명책에 이름이 기록될 것이다. 이것이 하늘나라 시민권이다. 생명책에 내 이름이 기록되는 것도 중요하지만 지워지지 않도록 주 안에서 굳게 서라.

> "보라 처녀가 잉태하여 아들을 낳을 것이요 그의 이름은 임마누엘이라 하리라. 하셨으니 이를 번역한즉 하나님이 우리와 함께 계시다 함이라."(마 1:23)

> "또 내가 이르노니 너는 베드로라"(마 16:18)

> "이방 나라들이 네 공의를 뭇 왕이 다 네 영광을 볼 것이요 너는 여호와의 입으로 정하실 새 이름으로 일컬음이 될 것이며… 다시는 너를 버림받은 자라 부르지 아니하며 다시는 네 땅을 황무지라 부르지 아니하고 오직 너를 헵시바라 하며 네 땅을 쁄라라 하리니 이는 여호와께서 너를 기뻐하실 것이며…"(사 62:2~4)

하나님의 이름을 부인하거나 이용하여 이득을 취하거나 하나님 이름으로 핑계를 대지 말자.
하나님의 이름을 기초로 하여 내 이름으로 일하지 말고 하나님 이름으로 일하자. 그리하여 내 이름도 기억하고 싶은 이름, 부르고 싶은 이름으로 바뀌게 하자.

아브람이 아브라함, 야곱이 이스라엘, 시몬이 베드로(반석)라는 이름으로 바뀌듯이 우리도 임마누엘(함께 계시다)이라는 이름으로 불리면 좋겠다.

하나님은 조롱받고 버림받은 예루살렘을 헵시바("나의 기쁨이 그에게 있다.", "내 마음에 드는 여인"이라는 뜻) 쁄라(결혼한 여자)라는 이름을 주시고 신부의 화관으로 단장해서 그들을 기쁘게 하는 것처럼 우리도 이 땅에서 그렇게 되기를 기도한다.

나는 1995년부터 2006년까지 전국동시지방선거에 지방의원으로 출마하여 내 이름을 높이기 위하여 이름을 새긴 현수막과 선전벽보를 붙이고 한수균! 한수균! 한수균! 소리 높여 외치며 바벨탑을 쌓던 어리석은 사람이었다. 그 때는 하나님 나라에 속한 자들은 자신을 위한 이름을 만들 필요가 없다는 것을 몰랐다.

이제는 모든 것 내려놓고 하나님의 자녀가 된다면 내 이름이 유명해지는 것보다 이름이 없는 사람이 되어도 좋다. 내가 하나님 이름을 찬양하며 살게 하신 하나님의 은혜에 감사드린다. 하나님의 이름을 찬양합니다.

내 삶이 불의함에도 신부라는 이름으로 받아주시는 신랑이신 하나님의 은혜와 사랑에 감사드립니다.

기도는 호흡이다

"누구든지 여호와의 이름을 부르는 자는 구원을 얻으리니 이는 나 여호와의 말대로 시온 산과 예루살렘에서 피할 자 있을 것임이요. 남은 자 중에 나 여호와의 부름을 받을 자가 있을 것임이라."(욜 2:31)

"누구든지 주의 이름을 부르는 자는 구원을 받으리라."(롬 10:13)

하나님의 이름이 우리 때문에 모독을 받지 않도록 하고 하나님 아버지라는 이름을 영화롭게 하자.

그리하면 하나님의 부름을 받아 구원을 받으리라.

# 기도와 고난까지도 사랑하자

"끝까지 견디는 자가 구원을 얻으리라"
"고난은 곧 유익이다"

하나님을 믿고 기도하는 사람은 이미 구원을 받았고, 우리에게 고난이 있는 것은 그 구원을 이루어가기 위한 훈련과정이다. 그러므로 기쁨으로 받고 즐거움으로 이기자. 그러면 고난이 쉽다. 고난까지도 사랑할 수 있다.

"하나님은 우리의 피난처시오 힘이시니 환난 중에 만날 큰 도움이리라."(시 46:1)

"그는 넘어지나 아주 엎드러지지 아니함은 여호와께서 그의 손으로 붙드심이로다."(시 37:24)

하나님께 징계를 받는 자는 복이 있나니 그런즉 너는 전능자의 징계를 업신여기지 말지니라.(욥 5:17)

세상살이에는 우여곡절이 많다.

하나님은 우리를 아프게 하시다가 다시 싸매시며 상하게 하시다가 다시 그의 손으로 고치시나니, 고난은 내게 필요해서 주시는 것이다. 고난 중에도 의심하지 않으면 그대로 되리라. 하나님이 목적하신 삶을 살기 위해서는 때로는 고난을 자초할 수 있어야 한다.

예수 그리스도 안에서 경건하게 살고자 하는 사람은 박해를 받으리라. 환난 날에 기도하라. 큰 도움이 있으리라.

> "고난당한 것이 내게 유익이라 이로 말미암아 내게 주의 율례를 배우게 되었나이다. 주의 입의 법이 내게는 천천 금은보다 좋으니이다."(시 119:71~72)

우리는 고난이 유익이라고 지식적으로는 알고 말하고 있지만 그 고난을 피하려고만 하고 나에게는 고난이 없기를 바란다. 기도하여 고난도 즐기자. 하나님의 뜻을 이루기 위해서는 고난도 즐거움으로 받아들여 삶으로 옮겨야 고난이 유익하다.

모양과 방법은 다르지만 누구에게나 고난은 있다. 고난을 받을 때 하나님께서 말씀하신 것처럼 기쁨으로 받아들이고 기도하면 고난이 즐거움으로 변하고 하나님의 힘으로 능히 감당할 수 있을 것이다.

"환난 날에 나를 부르라 내가 너를 건지리니 네가 나를 영화롭게 하리로다."(시 50:15)

고난을 받을 때 예수님의 수난과 고난을 묵상해 보자.

많은 유익과 지혜를 얻고 위로와 격려를 받을 것이다. 힘이 겹도록 심한 고난을 당하여 살 소망까지 끊어질지라도 하나님을 의지하여 위로받길 원한다. 고난 속에서도 하나님께서 복을 주신다는 것을 믿고 구하면 고통과 환난 속에서도 인생이 역전된다.

"야베스가 이스라엘 하나님께 아뢰어 이르되 주의 손으로 나를 도우사 나로 환난을 벗어나 내게 근심이 없게 하옵소서 하였더니 하나님이 그가 구하는 것을 허락하셨더라."(대상 4:10)

고난 중에도 하나님을 진정으로 신뢰하면 기도할 수 있다.

야베스의 기도가 그렇다. 환난 속에서도 염려하지 않고 욕심부리지도 않았다. 이렇게 기도하면 하나님은 무조건 주신다. 우리가 환난에 처하면 마음은 차갑고 궁핍해지고 기도할 바를 모른다. 이럴 때일수록 우리가 기도하면 하나님은 들으시고 우리의 기도가 헛되지 않도록 하신다고 약속하신다.

"너희 믿음이 작은 까닭이니라 진실로 너희에게 이르노니 만일 너희에게 믿음이 겨자씨 한 알 만큼만 있어도 이 산을 명하여 여기서 저기로 옮겨지라 하면 옮겨질 것이요 또 너희가 못할 것이

없으리라.”(마 17:20)

고난과 환난이 있으면 마음이 연약해서 쉽게 믿음이 무너진다.
그러나 마음을 추스르고 하나님께로 나가서 믿음으로 의심하
지 않으면서 기도하면 무엇이든지 믿고 구하는 것은 다 받으
리라 하신다. 하나님의 인격을 믿으라. 우리는 하나님 외에는
피할 곳이 없다.

> “사람이 감당할 시험 밖에는 너희가 당한 것이 없나니 오직 하나
> 님은 미쁘사 너희가 감당하지 못할 시험 당함을 허락하지 아니
> 하시고 시험 당할 즈음에 또한 피할 길을 내사 너희로 능히 감당
> 하게 하시느니라. 그런즉 내 사랑하는 자들아 우상 숭배하는 일
> 을 피하라.”(고전 10:13~14)

> “너희가 그리스도의 고난에 참여하는 것으로 즐거워하라 이는
> 그의 영광을 나타내실 때에 너희로 즐거워하고 기쁘게 하려 함
> 이라. 너희 그리스도의 이름으로 치욕을 당하면 복이 있는 자로
> 다. 영광의 영 곧 하나님의 영이 너희 위에 계심이라.”(벧전 4:14)

> “너희는 믿음으로 굳건하게 하여 그를 대적하라 이는 세상에 있
> 는 너희 형제들도 동일한 고난을 당하는 줄 앎이라.” (벧전 5:9)

우리가 고난이 찾아와 힘들 때 하나님은 우리가 감당할 수 있
을 만큼만 주신다. 피할 길도 함께 주신다. 고난에 참여하는
것이 쉽지 않지만 기쁨으로 받아들이고 잘 감당하자. 그리하

면 우리를 도우시는 하나님은 우리의 능력으로가 아니라 하나님의 능력으로 도와주신다.

따라서 우리가 바라는 것을 하나님 앞에 기도할 때는 전적으로 하나님을 의지해야 한다.

두 가지 마음을 가지고 기도하는 것이 아니라 한 가지 마음으로 진지하게 구해야 한다. 즉 물질을 구할 때 물질을 요구하는 것도 필요하지만 영적인 것, 하나님의 뜻을 구하면 물질적인 것은 자연스럽게 구해진다고 믿는다.

하나님은 우리의 염려를 다 주께 맡기라고 하신다.

사탄 마귀가 우는 사자같이 다니며 삼킬 자를 찾을 때 "너희는 믿음으로 굳건하게 하여 그를 대적하라" 하신다. 하나님의 능력 아래 겸손하게 기도하고 있으면 하나님의 때가 왔을 때 잠깐 고난을 당하는 우리를 하나님이 친히 온전하게 하시고 굳건하게 하시고 강하게 하시고 터를 견고하게 하시며 권능이 세세 무궁하도록 있을 것이라고 하나님은 선언하셨다.

> "네 하나님 여호와께서 사십년 동안에 네게 광야 길을 걷게 하신 것을 기억하라 이는 너를 낮추시며 너를 시험하사 네 마음이 어떠한지 그 명령을 지키는지 지키지 않는지 알려 하심이라."(신 8:2)

고난은 교만한 나를 낮추기 위함이다.

기도는 호흡이다

내가 연약하여 하나님 앞에 아무것도 아님을 알 때 고난은 없어진다. 모든 고난과 환난은 누군가가 우리에게 주는 것이 아니라 우리가 우리에게 주는 것이다. 우리가 행동한 교만의 결과물이다.

> "시험에 들지 않게 깨어 기도하라 마음은 원이로되 육신이 약하도다 하시고"(마 26:41)

그래서 고난받을 때는 성찰의 시간과 기도가 필요하다.
그 시간을 통하여 하나님 앞에 나가야 할 길을 모색하고 하나님 앞에 나아가는 일의 필요성을 알게 된다. 고난과 환난을 피하는 것은 돈과 명예를 따라 사는 것이 아니고 내 자신을 낮추는 것이다. 겸손하게 사는 것이다. 그렇게 하지 않으면 우리는 고난과 환난 속에서 살 수밖에 없다.

> "사람이 떡으로만 사는 것이 아니요 여호와의 입에서 나오는 모든 말씀으로 사는 줄 네가 알게 하심이니라."(신 8:3)

사람에게 가장 서러운 것이 배고픔이라고 한다.
배고프고 목마를 때 먹고 마실 것을 찾는 것이 당연하듯이 고난과 환난을 당할 때에는 영의 양식을 먹고 살고 기도로 호흡하며 살아야 한다.

하나님께서 우리 안에 좋은 마음을 만들기 위해서 고난이라는 연단을 통해 시험하는 것이라고 믿으면 우리의 마음은 변하여 감동적인 삶으로 바뀌고 늘 부족함이 없고 기도는 끊이지 않을 것이다.

고난과 시련을 겪어도 좌절하지 말고 마음을 추슬러 씩씩하고 의연한 삶으로 기도하자.

> "우리를 도와 대적을 치게 하소서 사람의 구원은 헛됨이니이다."(시 60:11)

> "귀인들을 의지하지 말며 도울 힘이 없는 인생도 의지하지 말지니 그 호흡이 끊어지면 흙으로 돌아가서 그 날에 그의 생각이 소멸하리라."(시 146:3~4)

우리는 고난과 어려움 때문에 절망에 처하면 하나님을 찾기보다는 사람과 돈을 찾거나 주변에 있는 모든 방법을 동원하여 해결하려고 한다. 그것이 헛된 것임을 깨닫고 하나님 앞에 먼저 기도하자. 하나님이 함께하지 않으면 우리는 승리할 수 없다. 평생 하나님을 찬송하고 하나님을 자기의 도움으로 삼으며 하나님께 소망을 두고 기도하는 사람은 모든 것이 해결되고 복이 있다.

하나님은 자기 백성의 고통과 고난을 보시고 그냥 지나치지 않으신다. 내가 힘들어 쉬고 싶을 때 위로를 주시는 하나님 아버지께로 가자. 힘들어 하면서도 돌아오지 않는 자식을 볼 때 하나님 아버지는 더 마음 아파하신다.

하나님 아버지를 기쁘시게 하기 위해 하나님이 계시는 쉼터로 돌아가자. 그것이 나에게는 유익이다. 모진 풍파가 쉬지 않고 몰아치고 희망이 없고 고단하고 어려울 때일수록 그 고난을 피하지 말고 기도하면 하나님의 위로가 있고 빛이 보이고 희망이 보인다.

> "우리가 사방으로 욱여쌈을 당하여도 싸이지 아니하며 답답한 일을 당하여도 낙심하지 아니하며 박해를 받아도 버린바 되지 아니하며 거꾸러뜨림을 당하여도 망하지 아니하고"(고후 4:8~10)

우리는 고난을 피하고 없애려고만 하지 받아들이고 사랑하지 않는다. 그러다 보니 힘들고 더 어려운 곤경에 처한다. 하나님이 택한 백성은 상한 갈대 같고 꺼져가는 등불 같을지라도 꺾지 아니하시고 끄지 아니하신다.

고난을 겪을 때도 기도함으로써 하나님의 은혜와 하나님의 향기에 취해 위로받기를 원합니다.

# 금식기도

금식은 내 몸을 하나님께 복종시키기 위함이다
영적으로는 순결하기 위함이다

"하나님은 영이시니 예배하는 자가 영과 진리로 예배할지니라."
(요 4:24)

사람은 외모를 보지만 하나님은 기도하는 사람의 마음의 중심을 보신다. 금식기도는 단순히 곡기를 끊고 하는 기도가 아니다. 기도는 신령과 진정으로 해야 한다.

"금식할 때에 너희는 외식하는 자들과 같이 슬픈 기색을 보이지 말라 그들은 금식하는 것을 사람에게 보이려고 얼굴을 흉하게 하느니라… 너는 금식할 때 머리에 기름을 바르고 얼굴을 씻으라 이는 금식하는 자로 사람에게 보이지 않고 오직 은밀한 중에 계신 네 아버지께 보이게 하려 함이라 은밀한 중에 보시는 네 아버지께서 갚으시리라."(마 6:16~18)

금식기도는 단순히 밥을 굶고 기도하는 것이 아니라 육신이 원하는 모든 것을 절제하고 마음을 맑게 하여 하나님과 교제하는 것이다. 하나님 앞에서 결단의 표현이다. 내 생명을 내어 놓고 하나님께 온전히 맡기는 것이다. 세상에 속한 것들에 대한 욕구를 절제하고 끊는 것이다.

우리는 부부가 서로 분방하지 않지만 금식기도를 할 때는 기도할 틈을 얻기 위하여 서로 합의하여 얼마 동안은 분방하라고도 하신다. 이것은 우리가 절제하지 못함으로 말미암아 사탄이 시험하지 못하게 하려 함이고, 이것은 명령이 아니므로 자기의 은사에 따라 행하라고 했다.

곡기를 끊는다는 것은 죽음을 의미한다. 죽을 만큼 절박하고 간절함이 있을 때 하나님과 은밀하게 마음을 나누는 것이 금식기도이다.

> "일곱째 달 곧 그 달 십일에 너희는 스스로 괴롭게 하고 아무 일도 하지 말되…"(레 16:29)

> "이스라엘 자손의 모든 죄를 위하여 일 년에 한 번 속죄할 것이니라"(레 16:34)

이스라엘 사람들의 대속죄일이 일곱째 달 십 일이다. 이날 대제사장이 지성소에 들어가서 회개하고 속죄한다. 이때 사람의 죄 문제를 해결하고 정결케 하기 위하여 1년에 한 번 이스라엘 모든 사람이 금식한다. 금식은 유대인들에게 종교적 의무로 받아들여졌다. 금식기도가 경건의 척도가 되고 하나님 앞에서 공로로 인정받으려는 과시의 수단으로 이용되기도 했다.

"너희가 칠십 년 동안 다섯째 달과 일곱째 달에 금식하고 애통해 하였거니와 그 금식이 나를 위하여 나를 위하여 한 것이 아니냐. 너희가 먹고 마실 때에 그것은 너희를 위하여 먹고 너희를 위하여 마시는 것이 아니냐. 여호와가 옛 선지자들을 통하여 외친 말씀 이 있지 않으냐 하시니라."(슥 7:5~7)

"예수께서 성령의 충만함을 입어 요단강에서 돌아오사 광야에서 사십 일 동안 성령에 이끌리시며 마귀에게 시험을 받으시더라. 이 모든 날에 아무것도 잡수시지 아니하시니 날 수가 다하매 주리 신지라."(눅 4:1~2)

하나님은 금식하는 것보다 하나님이 이르는 대로 말씀을 잘 듣고 따르기를 원하신다. 즉 하나님께서는 금식보다 청종하 기를 원하신다. 금식기도는 금식이 먼저가 아니다. 기도가 먼 저여야 한다.

그리고 기도와 금식은 같이 하여야 하며 금식기도는 예수님이 광야에서 40일 동안 금식기도 한 것처럼 예수님이 가신 길을 따르기 위해 구별되게 드리는 기도다.

"여호와여 의의 호소를 들으소서. 나의 울부짖음에 주의하소

서. 거짓되지 않은 입술에서 나오는 나의 기도에 귀를 기울이소서."(시 17:1)

금식기도는 자신이 원하는 것을 이루기 위한 방법과 수단으로 하는 기도가 되어서는 안 된다. 내 뜻을 관철시키기 위해 하는 기도가 아니다. 단순히 밥만 굶고 하는 기도는 외식하는 기도이고 하나님 앞에 억지 부리고 떼쓰는 기도이다. 사람들에게 보이기 위해 외식하는 기도는 하늘에 계신 아버지의 상을 받지 못한다. 그 이유는 자기 상을 이미 사람들에게 받았기 때문이다. 따라서 외식하는 금식기도는 효력이 없는 기도다.

금식은 내 몸을 하나님께 복종시키기 위함이다.
영적으로는 순결하기 위함이다.
금식기도를 할 때는 자기 자랑과 만족을 위해 남에게 보이기 위해 하지 말고 간절함이 있을 때 골방에 들어가 문을 닫고 은밀한 중에 계신 하나님께 중언부언하지 말고 겸손함과 순결한 마음으로 정직하게 기도하라.
금식할 때 머리에 기름을 바르고 얼굴을 씻으라. 이는 다른 사람들에게 금식하는 사람으로 보이지 말고 오직 은밀한 중에 계신 하나님 아버지께 보이게 하려 함이다.

"경건에 이르도록 네 자신을 연단하라."(딤전 4:7)

육체를 연단하는 것은 약간의 유익이 있으나 하나님 앞에 경건함은 범사에 유익하다고 하신다. 하나님 앞에 경건함으로 간절하게 기도할 때 그리고 내 마음이 하나님과 같은 마음 같은 뜻으로 온전히 합할 때 은밀한 중에 계시는 하나님 아버지께서 갚으시리라.

# 기도연습 (성경묵상)

기도를 할 때 가장 중요한 것은 내가 하나님께 말하기 전에 하나님이 말씀하시는 것을 듣는 것이다

"하나님을 가까이하라 그리하면 너희를 가까이하시리라."(약 4:8)

"너는 내게 부르짖으라 내가 네게 응답하겠고."(렘 33:3)

"하나님의 말씀은 살아있고 활력이 있어 좌우에 날선 어떤 검보다도 예리하며 혼과 영과 관절과 골수를 찔러 쪼개기까지 하며 또 마음과 생각과 뜻을 판단하나니." 기도하기 전에 하나님 말씀을 기억하고 하나님을 가까이하며 기도할 마음을 달라고 기도하면 늘 환경적으로 하나님이 일하심과 우리를 세워 가심을 경험하게 된다.

그러나 기도하지 않으면 알지 못한다. 기도를 통해 하나님의 일하심을 경험함으로 자연스럽게 기도를 가까이 하게 되고 연

습을 하게 된다. 그러면 기도는 습관이 된다.

기도를 연습하다 보면 습관이 되고 인격이 변하며 모든 일상 속에서 내 삶 자체가 기도하는 삶이 된다. 다시 말해 생각의 변화를 주면 생활이 변화되고 그것이 습관으로 바뀐다는 것이다. 기도연습에 특별한 방법이 있는 것이 아니다. 기도는 교회라는 공간에서뿐만 아니라 때와 장소를 가리지 않고 하나님을 기억하는 것이다.

"너는 하나님의 집에 들어갈 때에 네 발을 삼갈지어다. 가까이 하여 말씀을 듣는 것이 우매한 자들이 재물 드리는 것보다 나으니. 너는 하나님 앞에서 함부로 입을 열지 말며 급한 마음으로 말을 내지 말라."(전 5:1~2)

"이 율법 책을 네 입에서 떠나지 말게 하며 주야로 그것을 묵상하며 그 안에 기록된 대로 다 지켜 행하라 그리하면 네 길이 평탄하게 될 것이며 네가 형통하리라."(수 1:8)

하나님의 말씀을 보고 듣고 깨닫고 묻고 해석하고 순종하며 내 삶에 적용하는 것이 성경묵상이다. 성경묵상은 기도연습이다. QT(Quiet Time) 성경묵상 시간은 하나님과 개인적으로 만나 서로 영적으로 교제하는 시간이다. 예배와 기도의 첫걸음이 된다. 성경묵상은 개인의 예배이지만 우리 공동체 예배를 위해 반드시 필요한 과정이다. 그리고 우리에게 많은 유익함을 준다.

첫째, 성경묵상을 통해 하나님과 만나는 유익함을 준다.
성경묵상은 하나님과의 교제다. 하나님께서는 성경을 통해
우리에게 말씀하시고 우리는 기도를 통해 대답한다. 우리는
이런 과정 속에서 하나님과 사귀고 더 친밀한 관계를 누리게
된다. 하나님이 어떤 분이신지 나에게 어떤 교훈을 주시는지
알게 되면서 우리는 자연스럽게 하나님의 인도를 받게 된다.
매일 주님을 만나는 즐거움과 내일의 소망이 있다.

둘째, 성경묵상을 통해 지혜를 얻고 하나님의 말씀을 실천하게
된다. 묵상을 통해 우리는 삶을 되돌아보는 기회를 가진다.
우리의 행동을 말씀에 비추어 보면서 하나님의 말씀을 따라
살기 위해 더욱 노력하게 된다. 묵상을 한다는 건 예수님을 닮
아가는 것을 의미한다. 매일 말씀을 읽고 생각하며 하나님의
인도를 받고 예수님과 같이 행동하는 것이다. 묵상을 통해 영
적으로 영양을 섭취하고 참 그리스도인으로 성장하는 것이다.

셋째, 성경묵상을 통해 공동체를 이루어 간다. 묵상의 꽃은
교제이고 나눔이다. 나눔을 통해 하나님을 더 풍성하게 만나
게 된다. 우리는 성경묵상을 성도들과 나누면서 하나님 나라

의 공동체를 세우는 것이다. 우리는 개인적으로 부름을 받고 공동체로 부름을 받는다. 우리는 교회 공동체 안에서 함께 지어져 가는 사랑하는 가족이 되어야 한다. 진정한 행복은 세상 속에 있지 아니하고 교회 공동체 안에 있다.

결론적으로 성경묵상은 우리를 기도하게 하고 기도함으로 하나님을 만나고 하나님의 인도를 받고 실천하고 영적으로 성장해서 삶의 예배로 이어지고 공동체예배를 세우게 한다. 나 하나만이 아니라 공동체를 세워 하나님의 가족이 되는 것이다. 성경묵상을 통해 하나님을 알아가고 교제하는 가운데 기도로 자연스럽게 많은 시간을 하나님께 내어드리게 된다.
기도를 할 때 가장 중요한 것은 내가 하나님께 말하기 전에 하나님이 말씀하시는 것을 보고 듣는 것이다. 그 후에 내가 읊조리고 대답하고 순종하는 것이다. 이렇게 내가 기도할 때 하나님은 들으시고 응답해 주신다.

기도할 때는 하나님의 응답과 관계없이 가능한 한 자주 하나님과 함께하면 아무것도 두렵지 않음을 알게 되고 하나님의 참위로를 알게 되면 가장 깊숙한 곳까지 마음을 열고 교제하는 경험을 한다. 하나님이 우리에게 원하시는 것은 하나님의 절대적인 주권을 신뢰하고 의탁하는 것뿐이다. 그렇게 하면 성령님이 내 안 마음속 깊은 곳에 거하면서 기도하게 하고 하나님의 일하심과 인도하심을 알게 됨으로 나는 평안과 기쁨을 누린다. 기도가 연습이 되면 기도할 때 예수님이라면 어떻게 기도할까를 가장 먼저 생각하면서 예수님처럼 기도하면 부질없는 것이라도 사소한 것부터 나의 모든 것을 하나님께 아뢰게 되고 하나님은 우리의 필요를 가장 잘 아시는 분이기 때문에 먼저 아시고 기억하시고 늘 우리 곁에 동행하시면서 채워 주신다.

그리 아니하실지라도 하나님과 친밀함 그 자체가 너무 큰 기쁨이기에 모든 것을 가진 사람보다 더 많은 것을 가진 사람이 된다. 아무것이 없어도 모든 것이 하나님의 것이므로 그것이 나의 소유가 됨을 알기 때문에 더 이상 내 안에 갖고 싶은 충동이 없어져 그저 감사와 기쁨이 충만해진다.

하나님의 임재 안에서 충만함을 알면 자주 하나님과 함께 가장 깊숙한 곳까지 교제하게 되고 참 위로가 찾아오고 하나님은 늘 내 마음 깊은 곳에 계셔서 나는 늘 기쁘고 즐겁다.

> "내가 주의 증거들을 늘 읊조리므로 나의 명철함이 나의 모든 스승보다 나으며"(시 119:99)

내가 늘 기도함으로 가장 든든한 능력자 하나님이 내 곁에 계시니 내 삶은 하나님께 집중하게 되고 나의 지혜와 명철함이 세상 지혜보다 나으며 늘 성령님이 나와 함께 기도하게 된다.

# 율법의 완성은 사랑이다
## (십계명과 새 계명)

사람이 의롭다 하는 것은 율법의 행위로 있지 않고
믿음과 사랑으로 되는 줄로 알아야 한다


하나님을 믿고 하나님의 뜻에 따라 순종하고 사랑하고 살면
우리에게 요구하는 율법이 이루어진다.

즉 내 육신을 따르지 않고 하나님의 영을 따라 행하는 우리는
죄에게 종노릇하지 않고 해방되어 의에 이른다.


\* 십계명

1  너는 나 외에는 다른 신들을 네게 두지 말라.

2  너를 위하여 새긴 우상을 만들지 말며 그것들에게 절하지 말며 어
   떤 형상도 만들지 말며 그것들을 섬기지 말라.

3  너는 네 하나님 여호와의 이름을 망령되게 부르지 말라.

4  안식일 기억하여 거룩하게 지키라.

5  네 부모를 공경하라.

기도는 호흡이다

**6** 살인하지 말라.

**7** 간음하지 말라.

**8** 도둑질하지 말라.

**9** 네 이웃에 대하여 거짓 증거하지 말라.

**10** 네 이웃의 집을 탐내지 말라. (출 20:1~17)

**\* 새 계명**

"새 계명을 너희에게 주노니 서로 사랑하라

내가 너희를 사랑한 것 같이 너희도 서로 사랑하라.

이로써 모든 사람이 너희가 내 제자인 줄 알리라." (요 14:31~34)

십계명과 새 계명은 그리스도인의 이정표다.

즉 그리스도인의 믿음생활의 방향을 알려주는 지표가 된다.

십계명은 하나님이 애굽 땅에서 종이었던 이스라엘 백성을 건

지신 후에 주신 율법이다.

하나님 외에는 우상들에게 매이지 말고 자유함 속에서 하나님

을 사랑하라는 것, 하나님과의 관계 속에서 가정에서부터 이

웃까지 사랑하며 잘살게 하려는 것이다.


율법은 율법 아래 있는 사람들에게 말하는 것이고 온 세상을

하나님 심판 아래 있게 하려는 것이다. 율법의 행위로 하나님

앞에 의롭다 함을 얻을 사람은 아무도 없다. 그리고 모든 사

람은 율법을 지키지 못하고 죄를 범하였으므로 율법 아래 매

이고 율법 안에 갇혀 있다. 그리고 하나님의 나라에 이르지 못한다. 그럼 율법은 왜 필요한가?

> "율법으로 말미암지 않고는 내가 죄를 알지 못하였으니
> 전에 율법을 깨닫지 못했을 때에는 내가 살았더니 계명에 이르매
> 죄는 살아나고 나는 죽었도다."(롬 7:7~10)

율법은 우리의 죄를 깨닫게 하는 것이다.
율법이 우리를 하나님께로 인도하는 초등교사가 되어 우리로 하여금 믿음으로 의롭다 함을 얻게 하려는 것이다. 즉 믿음에 이르게 하여 의를 이룬다. 우리는 예수님을 믿음으로 말미암아 율법 아래 있지 아니하고 나는 죽고 예수님 안에서 하나님의 아들이 되었다. 즉 율법과 계명을 통하여 죄를 깨닫고 예수님을 믿으며 내 힘으로 사는 것이 아니라 하나님의 힘으로 살게 된다는 것이다. 나는 죽고 하나님 뜻대로 삶으로 나는 거룩하고 의로우며 선하다.

> "너희가 만일 성령의 인도하시는 바가 되면 율법아래 있지 아니하리라."(갈 5:18)

> "이제 예수 그리스도 안에 있는 자에게는 결코 정죄함이 없나니"(롬 8:1)

예수님은 율법으로는 우리의 의가 서기관과 바리새인보다 더

낫지 못하면 결코 천국에 들어갈 자가 없다고 말씀하신다. 우리의 종교행위가 서기관과 바리새인보다 나아야 천국에 들어간다는 것이다. 우리는 출애굽기, 레위기, 신명기, 민수기 등에 나오는 율법을 전부 지킬 수 없다. 율법은 정죄하기 위한 율법주의자들의 규례이다.

그리스도 예수 안에 있는 생명의 법은 우리를 죄와 사망의 법에서 해방하였다. 세례를 받은 자에게는 죄가 없고 정죄함이 없으므로 율법의 기능은 상실된다.
그래서 우리는 율법 아래 있지 않고 우리는 율법에서 자유롭다. 대신 우리는 그리스도를 통해서 새로운 계명을 받아 실천하는 것이다. 그것은 사랑이다.

> "내가 율법이나 선지를 폐하러 온 줄 생각하지 말라 폐하러 온 것이 아니요 완전하게 하려 함이라."(마 5:17)

> "남을 사랑하는 자는 율법을 다 이루었느니라."(롬 13:8)

> "사랑은 이웃에게 악을 행치 아니하나니 그러므로 사랑은 율법의 완성이니라."(롬 13:10)

예수님은 우리에게 새 계명을 주셨다.
예수님이 율법의 완전함을 위해 새 계명을 주셨는데 그것이

"서로 사랑하라."이다. 사랑은 외부에 있는 것이 아니라 내 마음속에 있다. 내가 기도함으로 성령님이 내 안에 들어와 사랑할 때만이 진실한 이웃사랑을 할 수 있다. "이웃을 사랑하는 것이 전체를 드리는 모든 번제물보다 나으리라", "이웃을 사랑하라 그러면 살리라"고 예수님은 말씀하셨다.

"부모를 공경하라. 살인하지 말라. 간음하지 말라. 도둑질하지 말라. 네 이웃에 대하여 거짓 증거 하지 말라. 네 이웃의 집을 탐내지 말라." 한 것과 다른 계명이 있을지라도 예수님께서 '새 계명을 너희에게 주노니 서로 사랑하라' 하셨다.
'내가 너희를 사랑한 것같이 너희도 서로 사랑하라. 네 이웃을 네 자신과 같이 사랑하라' 하신 그 말씀 속에 모든 계명이 다 들어 있다고 예수님은 말씀하셨다. 그러므로 사랑은 율법의 완성이다.

> "예수께서 이르시되 네 마음을 다하고 목숨을 다하고 뜻을 다하여 주 너의 하나님을 사랑하라 하셨으니 이것이 크고 첫째 되는 계명이요. 둘째도 그와 같이 네 이웃을 네 자신 같이 사랑하라 하셨으니 이 두 계명이 온 율법과 선지자의 강령이라."(마 22:36~40)

예수님은 마음을 다하고 목숨을 다하고 뜻을 다하여 하나님을 사랑하라 하셨다. 그리고 이웃을 네 자신같이 사랑하라 하셨다. 이것이 가장 큰 계명이라고 말씀하시면서 서로 사랑하는 것이 최고의 율법이라고 강조하셨다.

사랑에는 심판이 없기 때문이다.

> "무엇보다 뜨겁게 서로 사랑할지니 사랑은 허다한 죄를 덮느니라."(벧전 4:8)

우리는 하나님을 믿음으로 율법에 매이지 않고 의롭다 함을 받은 사람들이다. 믿음으로 기도하는 사람의 삶은 예수 그리스도의 죽으심과 합하여 부활과 같은 모양으로 연합한 사람이 된다. 그러면 성령님께서 친히 도우시므로 서로 뜨겁게 사랑할 수 있다. 하나님과 이웃을 사랑하며 하나님의 영광을 바라고 즐거워하며 사는 삶이 내 삶의 기쁨이다. 참 샬롬의 은혜 안에서 사는 삶이다.

이 은혜를 소유하는 사람들은 항상 서로 사랑하며 깨어서 기도하고 하나님과 함께 호흡함으로 하나님 말씀에 순종하게 된다. 이것이 율법을 이루는 것이고 율법의 완성이다. 그리고 모든 죄를 덮는다.

# 중보기도 (함께 기도해요)

한마음으로 하나님께 기도하자
'나를 위해 기도해 주세요' 서로 요청하자

서로 위로가 되고 세워 주는 성도가 있음에 감사하며 주님과
동행하는 삶을 위하여 하나님의 음성을 듣고 살면서 각자의
다양한 지혜를 연결 연결하여 공동체를 이루고 교회를 세워
함께 기도하면 교회가 샬롬을 이룬다.

> "하나님은 한분이시요 또 하나님과 사람 사이에 중보자도 한분
> 이시니 곧 사람이신 그리스도 예수라."(딤전 2:5)

> "우리가 알거니와 하나님을 사랑하는 자 곧 그의 뜻대로 부르심
> 을 입은 자들에게는 모든 것이 협력하여 선을 이루느니라."
> (롬 8:28)

다른 사람을 위해 기도하는 것. 이웃을 위해 함께 기도하는 것

이 중보기도다.

성도들을 위하여 함께 기도하자. 우리는 육신이 약해서 혼자서는 감당하기 힘들기 때문에 함께 기도할 수 있는 동역자들과 기도하고 위로하면서 서로를 세워 주며 사는 것이 참 그리스도인이다. 그것이 곧 선이다.

> "진실로 다시 너희에게 이르노니 너희 중의 두 사람이 땅에서 합심하여 무엇이든지 구하면 하늘에 계신 내 아버지께서 그들을 위하여 이루게 하시리라.
>
> 두 세 사람이 내 이름으로 모인 곳에는 나도 그들 중에 있으리라."(마 18:19~20)
>
> "요나가 물고기 뱃속에서 그의 하나님 여호와께 기도하여."(욘 2:1)
>
> "여호와께서 그 물고기에게 말씀하시매 요나를 육지로 토하니라."(욘 2:10)

'하나님 나라와 나를 위해 기도해주세요.' 서로 요청을 하자. 함께 기도하면 여러 사람을 하나로 묶어 주어 힘이 생기고 늘 기억하고 생각나게 해서 어디서 누군가가 나를 위해 늘 기도하고 있음을 알게 되면 더 힘이 생긴다. 특히 고단하고 힘들고 외롭고 혼자라고 느껴질 때 기도할 수 있는 힘도 없을 때 성도와 합심해서 기도하면 요나와 같은 기적이 일어난다.

"베드로는 옥에 갇혔고 교회는 그를 위하여 간절히 하나님께 기도하더라"(행 12:5)

"마리아의 집에 가니 여러 사람이 거기에 모여 기도하고 있더라."(행 12:12)

베드로가 감옥에 갇혀 나올 수 있는 가능성이 없었을 때 온 교회가 합심하여 간절히 기도하니 베드로에게 기적이 일어났다. 베드로는 두 군인의 틈에 두 쇠사슬에 매여 누워 자고 있었는데 그 곁으로 천사가 내려왔다. 천사가 베드로의 옆구리를 쳐서 깨우고 베드로를 이끌어 가시니 시내로 통하는 쇠문이 저절로 열려 베드로가 감옥에서 나왔다. 군인들은 베드로가 어떻게 되었는지 알지 못했다. 베드로가 감옥에서 나온 것은 합심해서 기도했기 때문이다.

"두 사람이 한 사람보다 나음은 그들이 수고함으로 좋은 상을 얻을 것임이라 혹시 그들이 넘어지면 하나가 그 동무를 붙들어 일으키려니와 홀로 있어 넘어지고 붙들어 일으킬자가 없는 자에게는 화가 있으리라. 또 두 사람이 함께 누우면 따뜻하거니와 한사람이면 어찌 따뜻하랴. 한사람이면 패하겠거니와 두 사람이면 맞설 수 있나니 세 겹줄은 쉽게 끊어지지 아니하느니라." (전 4:9~12)

한곳에 서로 모여 기도하면 좋겠지만 그럴 수 없을 때에도 각

기도는 호흡이다

자 자리에서 마음으로 함께하며 기도하면 영적으로 하나 될수 있고 기도하다가 한 사람이 넘어져도 서로 세워 줄 수 있고 하나님이 주시는 마음과 능력을 쉽게 알 수 있으며 경험할 수 있다. 어깨동무하고 같이 가면 서로 체온을 느끼며 정을 나누며 먼 길을 갈 수 있듯이 두 사람, 세 사람이 모여서 함께 합심해서 기도하고 교제하면 한 가족임을 느끼고 하나님도 우리 가족 안에서 한 식구로서 우리 중에 함께하실 것이다.

기도 중 하나를 소개한다면 아내는 "기도하는 엄마들"이라는 소책자를 가지고 짝을 지어 자녀들을 위해 짝 기도를 한다. 자녀를 둔 사람끼리 상대방의 자녀를 위해 서로 돌아가며 수년을 합심해서 기도하는 모습을 보았다.

먼저 하나님 말씀을 따라 찬양을 드린다. 자녀들과 학교를 위해 기도한다. 구체적인 성경구절과 감사를 통해서 자녀가 믿음이 성장하길 기도한다. 자녀의 구체적인 내용을 합심해서 기도한다. 그리고 그날의 기도 내용을 기도 일지에 기록하고 기억한다. 그런데 엄마들이 기도 중에 먼저 은혜를 받고 누린다.

엄마의 기도를 먹고 자라는 자녀들은 세상 살아가는 힘을 하나님으로부터 공급받아서 성장하는 것을 우리 자녀들을 통해서 경험했다.

매 주마다 구체적으로 기도하기에 기도에 응답하시며 돌보시는 하나님의 은혜를 체험하며 나누고 있다. 기도하는 사람의 자녀들은 실패하지 않는다. 반드시 하나님이 지켜주시고 돌보아 주신다.

> "모이기를 폐하는 어떤 사람의 습관과 같이 하지 말고 오직 권하여 그 날이 가까움을 볼수록 더욱 그리하자."(히 10:25)

> "여호와께서 그들을 내주지 아니하셨더라면 어찌 하나가 천을 쫓으며 둘이 만을 도망하게 하였으리오."(신 32:30)

오늘을 살아가는 우리는 무엇을 바라보고 사는가? 미래의 모습은 어떨까요? 우리는 경제적 사회적 성공을 추구하며 정신적으로는 쾌락을 추구하며 산다. 그러다 보니 가족과 친구, 공동체를 위해 사는 시간보다 나를 위해 사는 시간이 더 많다.

의사소통은 단절되고 세대 간에 갈등은 심화되며 서로의 사정은 모르고 산다. 그리고 개인의 부족한 부분과 흠은 보이기 싫어한다. 그래서 요즘은 가정심방도 찾아보기 힘들다. 서로 흉금을 털어놓고 이야기해야 서로의 사정을 살펴서 기도할 수 있는데 그러지 않기 때문에 서로 합심해서 기도할 수 없다. 서로 마음과 마음이 만나서 기도하면 혼자서 기도하는 것보다 10배 이상 능력을 발휘할 수 있는데 우리는 그것을 모르고 산다. 중보기도의 중요함을 알았으면 좋겠다.

내가 다른 사람을 위해 기도함으로 내가 먼저 복을 누리고 산다.

> "어찌하여 형제의 눈에 있는 티는 보고 네 눈 속에 있는 들보는 깨닫지 못하느냐 … 외식하는 자여 먼저 네 눈 속에서 들보를 **빼어라** 그 후에야 밝히 보고 형제의 눈 속에서 티를 **빼라.**"(마 7:3~5)

위 성경구절은 비판하지 말라, 남의 허물은 잘 보여도 나의 허물은 못보고 깨닫지 못하느냐는 의미로 주로 인용하지만 내마음이 육체적인 생각으로 남을 보는 것을 탓하는 것이고 하나님의 눈으로 보지 못하는 것을 깨달으라는 의미도 있다. 특히 남의 허물을 보고 그를 위해 예수님처럼 기도하라는 것이다. 그리고 서로 한마음 한뜻으로 함께 기도함으로 서로의 허물을 덮어주고 서로를 세워가는 것이 기도하는 사람들의 모습이라고 말하고 있다.

성도들 간에 서로 깊이 연결되어 영적인 싸움에도 서로 동역자가 되자. 함께 기도하자. 함께 기도하면 너무 좋다.

누군가가 나를 위해 기도하고 있다면 나는 참 행복한 사람이다.

# 내 마음을 보는 거울

매일 거울을 보듯 기도하자
그리하면 내 속에 들어 있는 나를 볼 수 있다

"그리스도는 하나님의 형상이라."(고후 4:4)

"하나님께서 예수 그리스도의 얼굴에 있는 하나님의 영광을 아
는 빛을 우리 마음에 비추셨느니라."(고후 4:6)

사람의 얼굴에는 여러 가지 모양과 다양한 이야기들이 있다.
우리 그리스도인의 얼굴은 하나님의 형상이어야 한다. 티나
주름이 잡힌 것이 없는 것같이 흠이 없는 거룩한 얼굴이어야
한다.

우리는 매일 거울을 본다. 그러나 진짜 내 얼굴을 잘 모른다.
자세히 봐도 내 겉모습만 보지 나를 알아볼 수 없다. 그리고

금방 잊어버린다. 내 마음에 하나님의 빛이 들어와 비추는데도 내가 기도하지 않고 말씀 따라 순종하지 않으므로 내 얼굴에 드러나지 않는다. 그래서 거울을 봐도 내 모습은 하나님의 형상이 아니다.

> "사람이 자기 친구와 이야기함 같이 여호와께서는 모세와 대면하여 말씀하시며."(출 33:11)

늘 기도하고 말씀을 묵상하면 내가 친구와 이야기하듯이 하나님이 모세와 대면하여 말씀하시듯이 말씀하실 것이다.

> "누구든지 말씀을 듣고 행하지 아니하면 그는 거울로 자기 생긴 얼굴을 보는 사람과 같아서 제 자신을 보고 가서 그 모습이 어떠했는지를 곧 잊어버리거니와"(약 2:23~24)

우리 얼굴은 본인 스스로 만들어간다고 한다.
하나님 말씀을 보고 듣고 묵상하고 기도하면 하나님을 알고 내 마음속에 하나님의 빛이 들어오면 내가 하나님을 닮아 거울 속에 내 모습이 하나님 모습처럼 변하여 하나님을 만날 수 있고 볼 수 있다. 그리고 나를 알 수 있다. 내면의 내 모습을 가꾸는 것이 진정한 아름다움이고 하나님의 모습일 것이다.

> "너희가 내게 부르짖으며 내게 와서 기도하면 내가 너희들의 기

도를 들을 것이요 너희가 온 마음으로 나를 구하면 나를 찾을 것
이요 나를 만나리라."(렘 29:12~13)

하나님의 은혜로 택함을 받지 못한 사람은 혼미한 심령과 흐
려 보지 못하는 눈을, 듣지 못하는 귀를 가진다.

내가 기도하면 하나님이 나의 하나님이 되시고 나는 하나님의
백성이 될 것이다. 하나님은 영이시므로 하나님이 내 안에 임
재하면 나를 통해서 하나님의 형상을 볼 수 있을 것이다. 하나
님을 만나리라. 동물에게 거울을 보여주면 다른 동물들로 착
각하여 별의별 이상한 행동을 한다. 사람이 거울 속의 모습을
보고 자기를 인식하는 것은 인지능력이 있고 이성이 있기 때
문이다. 하나님께서 사람에게는 특별히 동물에게 없는 것을
주신 이유는 기도를 통하여 하나님의 형상이 우리에게서 나타
나게 하려 하심이다.

또 사람에게 한 가지 더 있는 것은 웃음보라고 한다.
강아지는 간지럽히면 깨갱하고 소리를 지르고 도망가는데 사
람은 대부분 웃는다. 그것은 웃음보가 있기 때문이라고 한
다.(故 황수관 박사 말씀) 웃는 모습은 참 좋다. 그 모습이 하나
님 얼굴이다.

기도는 호흡이다

"그는 주 앞에서 자라나기를 연한 순 같고 마른 땅에서 나온 뿌
리 같아서 고운 모양도 없고 풍채도 없은즉 우리가 보기에 흠모
할 만한 아름다운 것이 없도다."(사 53:2)

우리는 고난을 당하고 괴로울 때는 웃을 수 없다.

그 모습에서는 하나님 형상은커녕 아름다움을 찾아볼 수 없
다. 특히 하나님을 알지 못하고 사랑하지 않으면 육신의 정욕
을 따라 살기 때문에 만족이 없고 일평생 사는 동안 근심 걱정
하면서 마음은 편하지 못하고 쉼이 없고 삶의 기쁨이 없어서
거울에 비치는 내 얼굴은 웃음이 없고 수심이 가득하다.


하나님께서 사람에게만 준 웃음보를 찾으려면 기도하면서 하
나님을 사랑해야 한다. 사랑을 하면 얼굴은 밝아지고 마음은
맑아 아름다움으로 변하지 않을까. 그 아름다움이 하나님의
모습이고 내 모습이다.

"그의 얼굴을 볼 터이요. 그의 이름도 그들의 이마에 있으리
라."(계 22:4)

하나님의 얼굴을 본다는 것은 관계 회복이다.

하나님과 대면한다는 것은 극적인 일이고 쉽게 경험할 수 있
는 일이 아니다. 그러나 기도하면 눈으로 볼 수 있는 하나님,
만날 수 있는 하나님이다. 가면 속의 내 모습도 볼 수 있고 거

짓된 내 삶도 볼 수 있다.

> "유다가 이르되 주여 어찌하여 자기를 우리에게는 나타내시고 세
> 상에는 아니하려 하시나이까 예수께서 대답하여 이르시되 사람
> 이 나를 사랑하면"(요 14:22~23)

성경을 문자적으로만 이해하지 말고 우리 스스로 하나님의 선
하시고 온전하신 뜻을 깨닫고 순종하고 하나님을 사랑하고
그 사랑을 이웃에게 실천하면 하나님이 보인다.

> "우리가 지금은 거울로 보는 것같이 희미하나 그때에는 얼굴과
> 얼굴을 대하여 볼 것이요 지금은 내가 부분적으로 아나 그 때에
> 는 주께서 나를 아신 것 같이 내가 온전히 알리라."(고전 13:12)

하나님이 우리를 사랑하시듯 우리가 서로를 어린아이와 같이
생각하고 사랑하면 하나님이 우리 안에 거하시고 그의 사랑이
우리 안에 온전히 이루어질 것이다. 그렇게 되면 그리스도의
얼굴에 있는 하나님의 빛이 우리 마음을 비추고 내 얼굴은 하
나님의 형상으로 환하게 보일 것이다. 그 얼굴을 내가 거울 속
에서 보기를 기도하자.

> "주의 얼굴을 내게서 숨기지 마소서."(시 27:9)

> "모세가 그 증거의 두 판을 모세의 손에 들고 시내 산에서 내려올

때 모세는 자기가 여호와와 말하였음으로 얼굴 피부에 광채가 나나 깨닫지 못하였더라."(출 34:29)

우리가 나의 생각을 버리고 하나님께 간절히 기도하고 부르짖을 때 하나님은 얼굴을 숨기지 않으시고 우리를 만나주시고 가까이 계셔서 지켜주시면 모세의 얼굴에 광채가 난 것처럼 우리의 얼굴에 빛이 나고 우리 안에 들어오신 하나님의 얼굴을 우리를 통해 보여줄 것이다.

하나님은 우리가 하나님께로 돌아가면 긍휼히 여기시고 너그럽게 용서해주시는 분이다. 산들이 떠나고 언덕들이 옮겨질지라도 하나님의 자비로움은 떠나지 않고 하나님께서 약속하신 것은 흔들리지 않고 다윗에게 허락한 확실한 은혜를 나를 통해서도 보시고 이루신다.

예수님은 자기 앞에 보이는 기쁨을 위해 십자가를 지셨고 조롱하는 것을 부끄러워하지 않고 견딤으로써 하나님 우편에 앉으셨다.

하나님 말씀은 거울이다.

말씀을 통해서 나를 되돌아보고 기도로 내 자신의 됨됨이를 고쳐가자. 하나님의 자녀로 거울에 비치는 내 모습을 상상해보자. 우리를 거룩한 자녀로 세워 가시는 하나님, 내일은 더

훌륭한 빛의 자녀로 거듭나는 내 모습을 생각하면 참 기쁘다.

하나님께 등을 돌리지 말고 하나님의 거울을 보면 내 모습을 볼 수 있고 하나님도 볼 수 있다.

하나님의 거울을 보자. 그것은 하나님의 말씀이다.

# 하늘나라 창고에 쌓는 기도

## 평소에 늘 인격적인 하나님께 아뢰라

"여호와께서 주시는 복은 사람을 부하게 하고 근심을 겸하여 주
지 아니하시느니라."(잠 10:22)

하나님은 하나님의 형상대로 사람을 창조하시고 복을 주시면
서 생육하고 번성하라, 땅을 정복하라, 모든 생물을 다스리라
하셨다.

그러나 사람들은 하나님 말씀에 불순종하여 심판을 받고 평
생을 수고하며 살고 있다. 하나님 앞에 회개하지 않고 기도하
지 않으면 하나님의 아들로 살 수 없다.

"오직 너희를 위하여 보물을 하늘에 쌓아두라 거기는 좀이나 동
록이 해하지 못하며 도둑이 구멍을 뚫지도 못하고 도둑질도 못

하리라."(마 6:20)

"볼지어다 내가 문밖에 서서 두드리노니 누구든지 내 음성을 듣
고 문을 열면 내가 그에게로 들어가 그와 더불어 먹고 그는 나와
더불어 먹으리라."(계 3:20)

기도는 항상 해야 한다. 쉬지 않고 해야 한다. 평상시에 기도
를 저축해야 한다. 내가 은행에 돈을 저축해 놓고 내가 필요
해서 요구할 때 언제든지 주는 것처럼 고난과 고통이 있을 때,
슬픔과 아픔이 있을 때, 바라는 것이 있을 때 기도하지 말고
평소에 늘 인격적인 하나님께 아뢰라. 그렇게 하여 하나님 나
라 창고에 쌓아두고 내가 필요할 때 마음의 문을 열기만 하면
복을 부하게 주고 근심 걱정은 주지 않고 더불어 먹고 마시겠
다고 하신다.

"여호와께서 내 음성과 내 간구를 들으시므로 내가 그를 사랑하
는도다. 그의 귀를 내게 기울이셨으므로 내가 평생에 기도하리로
다."(시 116:1~2)

분주한 일상 가운데서도 기도할 시간을 반드시 확보하고 제
일 우선순위에 두고 전심을 다해서 기도하자.
이것이 습관이 되면 마음은 기도하기 싫어도 몸이 움직여 기
도하게 되고 기도하면 마음이 함께 움직여 하나님을 사랑하

게 되어 내 평생 기도하게 될 것이다. 내 삶의 시간 속에서 늘 하나님의 응답이 없을지라도 기억하셨다가 결정적인 순간에 외면하지 않고 내가 하나님의 뜻을 알게 하고 위기에서 건져 내신다. 평소에 기도하면 하나님이 기억하신다. 평소에 기도하지 않고 있다가 갑자기 어떤 문제가 발생하여 기도하면 기도가 힘들고 내가 겪은 아픔과 상처, 물질적 손해, 고난 받은 이유만 가지고 끈질기게 붙잡고 기도하게 된다. 이것은 좋은 기도가 아니다. 기도라기보다는 푸념이고 하소연이다. 긍휼이 많으신 하나님의 마음과 능력을 놓쳐버리고 찾기도 힘들다. 그리고 잘못된 인도함을 받을 수 있다. 그렇게 되면 수렁에 빠져서 하나님을 부정하고 기도를 하지 않는다.

"게으름이 사람으로 깊이 잠들게 하나니 태만한 사람은 주릴 것이니라."(잠 19:15)

"게으른 자는 가을에 밭 갈지 아니하나니 그러므로 거둘 때는 구걸할지라도 얻지 못하리라."(잠 20:4)

"온전하게 행하는 자가 의인이라. 그의 후손에게 복이 있느니라."(잠 20:7)

기도하는 것에 게으름을 경계하고 주야로 묵상하고 기도하자. 환난 날에 하나님은 기억하셨던 것들에 대해 응답하시고 내 이름을 높이시며 모든 것을 받아 주신다고 하셨다. 그리고 나의 영혼은 평안히 살고 내 후손에게도 상속하리라 말씀하시고 보여주시겠다고 약속하신다.

> "나는 네 아버지 아브라함의 하나님이니 두려워하지 말라 내 종 아브라함을 위하여 내가 너와 함께 있어 네게 복을 주어 네 자손이 번성하게 하리라 하신지라."(창 26:24)

> "나는 네 조상의 하나님이니 아브라함의 하나님 이삭의 하나님 야곱의 하나님이니라."(출 3:6)

하나님께서는 이삭에게 "네 아버지 아브라함의 하나님이기 때문에 아브라함을 위해서라도 복을 주고 자손을 번성케 하겠다"고 약속하시고 복을 주셨다. 그리고 야곱과 요셉을 이어서 아들들이 복을 누리고 살았다. 믿음을 가진 부모가 하나님 앞에 무릎을 꿇고 기도하면 그 기도가 하늘나라 창고에 쌓여 자손이 번성하고 복을 누리고 사는 것을 알았으므로 늘 기도하자.

> "내가 밤낮 간구하는 가운데 쉬지 않고 너를 생각하여 청결한 양심으로 조상적 부터 섬겨오는 하나님께 감사하고 네 눈물을 생각하여 너 보기를 원함은 내 기쁨이 가득하게 하려 함이니 이는 네 속에 거짓이 없는 믿음이 있음을 생각하나라. 이 믿음은 먼저 네 외조모 로이스와 네 어머니 유니게 속에 있더니 네 속에도 있는 줄을 확신하노라."(딤후 1:3~5)

위 성경 구절은 사도 바울이 사랑하는 디도에게 보낸 편지 내용이다.

디모데의 거짓 없는 믿음은 외조모 로이스와 어머니 유니게의 믿음과 기도가 믿음의 유산으로 아들에게 이어짐을 알 수 있다. 내가 먼저 기도로 저축하여 많은 물질보다는 우리 안에 있는 성령과 그리스도 예수 안에 있는 믿음과 사랑이 있게 해서 자식이 아름답게 살게 하는 것이 가장 의미 있는 유산이다.

> "하나님은 그가 기뻐하시는 자에게는 지혜와 지식과 희락을 주시나 죄인에는 노고를 주시고 그가 모아 쌓게 하사 하나님을 기뻐하는 자에게는 그가 주게 하지만 이것도 헛되어 바람을 잡는 것이로다."(전 2:26)

우리가 하나님 앞에 소리 내어 부르짖을 때 하나님을 기쁘시게 하면 들으시고 모든 것을 응답하신다. 모든 것을 하늘 창고에 쌓아 두셨다가 우리가 열면 주실 것이다.

# 식사기도

일용할 양식을 주셔서 감사합니다
밥을 먹듯이 기도하자

소박한 밥 한 그릇이라도 먹을 수 있어 고맙고 행복한 시간이 식사시간이다. 우리의 삶을 건강하게 지켜주시고 일용할 양식을 주셔서 영육이 강건하므로 새 생명을 주신 하나님께 감사드린다. 식사 시간에 감사함으로 기도하는 것은 하나님과 식사의 자리를 함께하는 것이다. 그리고 우리에게는 축복이다.

"누구든지 하늘에 계신 내 아버지의 뜻대로 하는 자가 내 형제요 자매요 어머니이니라 하시더라."(마 12:50)

우리는 혈연과 지연·학연 등을 중심으로 한 집, 한 직장 내에서 함께 지내면서 일하고 같이 음식을 나눠 먹으며 끼니를 같이 하는 사람들을 한 식구 또는 가족이라고 부른다. 그러나

기도는 호흡이다

예수님은 믿음 안에서 하나님의 뜻대로 사는 자가 형제요 자매요 가족이라고 하신다. 그러므로 식사시간에 한상에 둘러앉아 식사기도를 하는 사람이 믿음 안에 있는 그 가족들이다.

"오늘 우리에게 일용할 양식을 주시옵고."(마 6:11)

"백성이 나가서 일용할 것들을 날마다 거둘 것이라 이같이 하여 그들이 내 율법을 준행하나 아니하나 내가 시험하리라."(출 16:4)

하나님은 우리를 위하여 하늘에서 양식을 비 같이 내리리니 일용할 것을 날마다 거둘 것이라고 말씀하신다. 오늘도 일용할 양식의 은혜를 구하는 기도로 하루를 시작하십시오. 하나님은 우리의 필요를 아신다. 의심 없이 구하라.

"예수께서 이르시되 나는 생명의 떡이니 내게 오는 자는 결코 주리지 아니할 터이요. 나를 믿는 자는 영원히 목마르지 아니하리라."(요 6:35)

'사랑의 하나님, 일용할 양식을 주시옵소서. 이 음식을 먹고 육신이 건강하고 믿음이 더욱 자라며 날마다 성령 충만한 생활이 이어지게 하옵소서.' 우리의 양식인 하나님의 말씀을 먹어야 살 수 있다고 기도하자.

가족이 한데 모여 기도하고 서로 식사 교제하는 시간은 그 어떤 자리보다 깊은 교제를 할 수 있고 서로 섬겨주며 삶을 나누는 시간이다. 이곳에 하나님이 초대되어 함께 식사교제를 한다면 더욱 풍성한 식사교제일 것이다.

"누구든지 내 음성을 듣고 문을 열면 내가 그에게로 들어가 그와 더불어 먹고 그는 나와 더불어 먹으리라."(계 3:20)

"떡을 가져다가 모든 사람 앞에서 하나님께 축사하고 떼어 먹기를 시작하매"(행 27:35)

식사기도는 성경에서 직접 언급하지는 않지만 매일 끼니때마다 먹을 것과 마실 것을 주신 분이 하나님이심을 기억하고 음식을 마련해 준 누군가의 손길과 수고에 감사함으로 기도를 해야 한다. 우리가 범사에 감사할 수 있는 시간이 식탁 기도시간이다.

아침 식사기도는 새날을 주심에 감사하고 오늘도 새롭게 하실 주님을 바라보며 희망으로 하루를 시작하는 시간, 육신의 건강을 주시고 일용할 양식을 주시고 온 가족이 함께 한자리에 모여 한 마음으로 감사하는 시간, 사랑을 주시는 하나님께 감사하는 시간이다.
아침 식사교제는 기쁨의 시간이요, 가족에게는 힘의 원천이다. 요즘은 아침식사 외에는 온 가족이 함께 식사를 하는 시간이

거의 없고 교제할 수 있는 시간이 없음으로 더욱 소중한 시간이 되었다. 오늘도 변함없이 동행해 주실 하나님을 기대하며 식사기도를 하며 아침을 먹는다.

점심 식사기도는 오전에 열심히 일하고 난 뒤 휴식을 취하는 시간이며 함께 일하는 동료들과 식사하며 사귀는 소중한 시간이다. 점심시간에 쉼과 함께 동료들과 이웃과 사귐을 하기 위한 시간을 누리며 즐거운 식사시간을 주심에 감사하며 점심시간을 통해 서로에게 의지하며 용기를 주며 서로 배우며 함께 성장하는 시간이다. 오후 일들을 잘 감당하도록 새 힘을 주시기를 기도한다.

저녁 식사기도는 오늘도 기적을 베풀어 주셔서 감사가 넘치고 하나님의 선한 일에 충성을 다하여 기뻐하는 시간이다.
저녁식사를 통하여 쉼을 얻고 쉼을 통해 서로를 돌보는 여유를 위하여 기도하며 매일 함께 한상에 앉아 음식을 나눠 먹으며 서로에게 위로와 따뜻한 사랑을 느끼는 소중한 시간을 허락해 주셔서 하나님을 찬양한다.
오늘도 작은 일에 충성된 주님의 자녀로 돌보아주시는 하나님을 노래하는 기도시간이다. 오늘도 육신이 강건하여 하나님의 선한 일꾼으로 끝까지 믿음으로 승리하는 사람이 되도록 성령님이 도와주셔서 감사합니다. 하나님의 사랑을 전하는 하나님의 제자 되는 삶, 오직 복음을 위하여 살게 하옵소서. 예수 그리스도 향기 나는 자녀 되길 소망합니다. 하나님의 위대하심을 찬양합니다.

식사기도는 늘 하나님이 주신 것에 대한 감사의 기도이다. 식사기도는 공개적인 장소에서 할 때가 많다. 일용할 양식을 주신 하나님께 감사하며 한자리에 모인 사람들과 사랑의 교제와 위로의 자리가 되길 기도하되 외식하는 기도는 삼가해야 한다.

> "주께서 나를 가르치셨으므로 내가 주의 규례들에서 떠나지 아니하였나이다. 주의 말씀의 맛이 내게 어찌 그리 단지요 내 입에 꿀보다 더 다니이다."(시 119:102~103)

요즘은 보릿고개가 없고 배고픔은 없지만 내가 배불리 먹고 내가 안식을 누릴 수 있음을 늘 기억하고 감사하는 기도는 부족함이 없어야 한다. 그리고 하나님 말씀을 묵상하고 그 말씀으로 마음을 채워야 한다. 하나님의 말씀을 보고 듣고 먹고 맛보아 누리고 살아야 한다. 그래야 몸과 마음이 강건케 되고 하나님의 말씀을 더욱 달콤하게 느낀다.

우리가 참된 양식인 하나님의 말씀을 먹고 살면 우리 속에 영원한 생명이 있다.

# 하나님의 울타리

하나님의 울타리가 천국이다
우리를 지키시고 보호하신다

하나님 나라의 울타리 안에서 사는 것이 때로는 답답하고 힘들어 뛰어넘고 싶을 때도 있다. 때로는 울타리 밖 세상이 궁금하기도 하다.
울타리 밖에 내가 좋아하는 우상을 만들어놓고 기웃거리지 않는지 생각해보자.

천지가 창조될 때 하나님이 하늘과 땅을 만드시고 우주만물을 창조하셨다. 그리고 하나님이 동방에 에덴동산을 만드시고 그가 지으신 사람을 거기 두었다. 이곳이 하나님 나라의 울타리다. 울타리 안은 하나님 보시기에 아름다웠고 먹기 좋은 나무를 나게 하셨고 강이 에덴에서 흘러나와 동산을 적시게 하고 아담과 하와에게 그곳을 경작케 했다. 그곳은 지상낙원이었다.

하나님께서 한 가지 분부하셨다. 동산에 있는 각종 나무의 열매는 알아서 먹되 선악을 알게 하는 나무의 열매를 먹지 말라고 하셨다. 그러나 사탄은 하와를 유혹했다. 그것을 먹는 날에 눈이 밝아져 하나님과 같이 된다고 했다.

하와가 볼 때 먹음직도 하고 보기도 좋고 탐스럽기도 하여 그 열매를 따먹고 아담도 먹었다. 첫 열매인 아담과 하와가 하나님의 말씀에 불순종함으로 죄를 지었고 그로 인하여 여자는 임신하는 고통을 통하여 자식을 낳고 남자는 흙으로 돌아갈 때까지 땀을 흘리는 수고가 있어야 먹을 것을 먹고 살게 되었다.

하나님은 천지만물의 시작과 기원을 보여주고 아담과 하와를 통해 죄의 근원과 섭리를 설명하신다.

우리의 믿음은 자기 자신의 이성과 경험 그리고 하나님에 대한 믿음이 마음에 따라 달라져서는 안 된다. 그 이유는 하나님께 지는 것이 아니라 하나님이 모든 영역을 창조하고 주관하고 계신다고 굳게 믿어야 하기 때문이다. 하나님께서는 생물학적·물리학적 범주를 넘어 인간의 속성까지도 영향을 미치고 모든 것을 주관하신다는 것을 믿어야 하나님께 순종할 수 있다.

하나님이 어떻게 우리를 보호하시고 인도하시고 이끌어 가시는 지가 중요한 것이 아니고 하나님이 직접 일하심을 믿는 것이 중요하다. 모든 것이 하나님의 주권에 의해서만 성취된다는 사실을 믿어야 한다.

하나님은 인간들 앞에 다양한 방식으로 자신의 모습을 드러내어 자신의 울타리를 보여주시고 그 안에서 보호하신다. (특별계시, 꿈 등)

출애굽을 보면 알 수 있다. 애굽 땅은 현재 이집트로 아프리카 북동쪽에 자리 잡고 있는 나라이고 서아시아지역인 요르단, 이스라엘 지역과 이어져 있다. 나일강이 있는 나라다.

애굽 왕은 히브리인(이스라엘 백성)들의 숫자가 기하급수적으로 늘어나자 불안을 느끼고 히브리인 갓난아이들 중 남자아이들을 죽일 것을 명령하였다. 그때 히브리 족속의 지파인 레위 사람 중에서 모세가 태어났다. 태어난 지 3개월 만에 갈대 상자에 넣어 나일강 갈대 사이에 두었는데 바로 왕의 딸이 목욕하러 나일강으로 내려왔을 때 강가에 거닐던 시녀들에게 발견되어 공주가 내려다가 기른다.

모세가 장성한 후 애굽 사람이 히브리 사람들을 치는 것을 보고 애굽 사람을 쳐 죽여 모래 속에 감추고 미디안으로 피했다. 이것이 출애굽의 시발점이 되었다.

하나님이 떨기나무 가운데서 모세를 불러 이르시되 '나는 네 조상의 하나님이니 아브람의 하나님, 이삭의 하나님, 야곱의 하나님이라' 하셨다.

'애굽에 있는 내 백성들의 고통을 분명히 보고 부르짖음을 듣고 그들의 근심을 알고 있다'고 하시면서 내려가서 그들을 애굽의 손에서 건져내고 아름답고 광대한 땅 젖과 꿀이 흐르는 땅 가나안 족속의 땅으로 데려가려 하노라 하시면서 이제는 가라고 하셨다.
이곳이 약속의 땅, 하나님의 울타리다.

하나님은 모세에게 지팡이가 뱀이 되고 손에 나병이 생기고 다시 손이 본래의 살로 되돌아오는 표적을 보여주면서 모세의 손에 지팡이를 잡게 하고 이적을 행하는 능력을 주셨다.
가장 대표적인 사건은 홍해를 건너는 것이다.
이스라엘 백성이 출애굽하는 것이 하나님의 계획이고 뜻인데 애굽 왕이 출애굽을 방해하니 하나님이 애굽 땅에 10가지 재앙을 내렸다. 그때서야 바로 왕이 모세와 아론을 불러 이스라엘 백성들은 너희 말대로 떠나가서 여호와를 섬기라 했다. 이스라엘 백성들이 애굽에서 나왔다. 라암셋을 떠나 홍해에 아직 못 미친 숙곳에 처음으로 진을 쳤다. 이때 어린아이 외 장정들이 60만 명가량이었다.

바로 왕이 마음이 변하여 완악한 마음을 품고 군대를 보내어 이스라엘 백성들의 뒤를 따르게 했다. 그때 선발된 병거 육백 대와 애굽의 모든 병거를 동원하였다. 바로 왕과 군대가 가까이 왔을 때 이스라엘 백성들은 두려워하며 하나님께 부르짖고 모세에게는 왜 광야에서 죽게 하느냐 애굽 사람을 섬기는 것이 광야에서 죽는 것보다 낫겠다고 소리 지르며 원망했다.

모세는 "백성들에게 두려워하지 말고 가만히 서서 여호와께서 너희를 위하여 행하시는 구원을 보라. 너희가 오늘 본 애굽 사람을 영원히 다시 보지 아니하리라 여호와께서 너희를 위해 싸우시리니 너희는 가만히 있을지니라."

여호와께서 모세에게 이르시되 "지팡이를 들고 손을 바다 위로 내밀어 그것을 갈라지게 하라." 했을 때 큰 동풍이 불고 물이 갈라져서 바다 가운데를 마른 땅으로 만들어 육지가 되고 길이 되어 이스라엘 백성이 걸어서 홍해를 건너갔다.

하나님께서 이와 같이 애굽 사람의 손에서 이스라엘 백성을 구원하셨고 이스라엘 백성들은 그 큰 능력을 보았으므로 하나님을 경외하며 그의 종 모세를 신뢰하고 믿었다.

야곱이 기근을 피해 70여 명의 가족을 데리고 애굽 땅 '라암셋'으로 이주한 지 430년이 지나서 이스라엘 백성이 애굽 땅에서 나왔다.


이스라엘 자손이 애굽 땅을 떠나 3개월이 되던 날 시내광야에 도착했다. 시내광야 산 앞에 장막을 쳤다.

하나님께서 산에서 모세를 불러 말씀하시되 "내가 애굽 사람들에게 어떻게 행하였고 내가 어떻게 독수리 날개로 너희를 업어 내게로 인도하였음을 보았다. 세계가 다 내게 속하였나니 너희는 내 말을 잘 듣고 내 언약을 지키면 너희는 모든 민족 중에서 네 소유가 되겠고 너희가 내게 대하여 제사장나라가 되며 거룩한 백성이 되리라" 하시면서 이스라엘 백성에게 전하라고 했다. 백성들은 응답했고 하나님께서 명령하신 대로 행하겠다고 약속했다.

또 모세에게 이르시되 아론과 나답과 아비후와 이스라엘 장로 칠십 명과 함께 하나님께 와서 멀리서 경배하게 하고 모세만 하나님께 가까이 나오게 해서 하나님의 모든 말씀과 율례를 백성들에게 전하고 백성들은 하나님께서 말씀하신 모든 것을 준행하겠다고 언약을 맺었다.

기도는 호흡이다

특히 모세가 언약서를 가져다가 백성들에게 낭독하고 듣게 하고 준행하게 합의를 했다. 그리고 피를 가져다가 백성들에게 뿌리며 말하길 이 모든 말씀이 하나님께서 우리와 함께 세우신 언약의 피라고 말했다.

하나님은 이스라엘 자손들을 존귀하게 생각하시고 손을 대지 아니하셨고 그들은 하나님을 뵙고 먹고 마셨다.


남 유다가 멸망 후 유대 백성이 바벨론에 포로로 잡혀온 지 70년째 되던 해에 고레스는 유대 백성을 해방시키는 칙령을 내렸다.

포로생활 후 4차에 걸쳐 귀향은 했지만 약 200년 동안 혼돈의 역사였다. 바벨론 포로 이후 이스라엘로 귀환했을 때 다윗왕조의 재건과 예루살렘 성전 건축이 꿈이고 희망이었다.

그러나 이스라엘 민족이 누구냐의 문제로부터 갈등하기 시작했다. 포로생활이 70년이라는 오랜 기간이었고 포로생활에서 태어난 자식들은 예루살렘이 매우 낯선 곳이었다. 바벨론에서 돌아온 사람들과 포로로 잡혀가지 않고 예루살렘에 계속 남아 살았던 사람들 사이에 갈등이 있었기 때문이다.

바벨론에서 돌아온 사람들은 자신들을 바벨론에서도 순수한 하나님의 신앙을 지킨 사람들이라고 생각했고 예루살렘에 남았던 사람들은 이방종교와 타협을 함으로써 이방민족과 혼혈

한 사람들이라고 생각했다.

그들은 누가 진짜 유대인인가를 놓고 갈등과 혼돈의 역사를 살았다고 한다.

세상 나라의 흥망성쇠는 정치, 군사, 문화, 경제적 여건에 따라 이루어지는 것도 있지만 여기서는 이러한 여건에 대해 언급하지 않겠다. 다만 종교적 관점에서는 북이스라엘과 남 유다가 멸망한 것은 하나님의 언약과 명령한 모든 것을 따르지 않았기 때문이다. 즉 시내산의 언약을 지키지 않았기 때문에 멸망하였다.

> "내가 너희에게 명령하는 이 모든 말을 너희는 지켜 행하고 그것에 가감하지 말지니라."(신 13:32)

> "여호와께서 지상 만민 중에서 너를 택하여 자기 기업의 백성으로 삼으셨느니라."(신 14:2)

조선시대 사대부 집안은 유교사상에 바탕을 두고 예의범절이 엄격히 규제되고 절제된 생활을 하였다. 특히 부녀자들은 집 밖출입이 제한되었다. 그래서 울타리 너머 세상이 궁금하고 보고싶어서 그네를 타고 높이 올라가서 봤다는 설(說)이 있다.

오늘날 우리도 하나님 나라의 울타리를 벗어나 세상 풍습을따라 내 소견대로 살고 싶어 한다. 그러나 하나님은 "내가 너희에게 명령하는 이 모든 말을 너희는 지켜 행하고 그것에 가감하지 말지니라." 명령하신다. 그리하면 하나님의 백성으로 택하신다고 한다.

출애굽 후 40년 광야생활, 70년간 바벨론에서 포로생활을 보면 한마디로 집 나가면 개고생이라는 말이 실감 나도록 고난과 시련의 연속이라는 것을 느낄 수 있다.
하나님 앞에 내가 불순종함으로 본인뿐만 아니라 가족과 백성들이 감당할 수 없는 고통을 받는 것이다.
따라서 우리는 하나님의 계획과 뜻에 절대 순종하는 법을 배우고 훈련해야 한다. 결과적으로 우리가 하나님을 믿고 하나님의 뜻에 따라 순종하고 살면 오히려 자유함으로 평안하고 우리의 요구가 이루어진다. 즉 내 정욕과 육신을 따르지 않고 하나님의 영을 따라 행하면 우리는 세상에게 종노릇하지 않고 하나님의 울타리 안에서 해방되어 의에 이르고 더 큰 자유를 누릴 것이다. 그리고 구별된 하나님의 백성으로 삶으로 옮겨갈 것이다.

우리는 기도를 통해서 하나님이 말씀하시고자 하는 하나님의 뜻이 무엇인지를 겸손한 마음으로 분별하고 어떠한 환경과 위기 속에서도 하나님이 우리에게 약속하신 아브라함의 언약,

야곱의 언약, 다윗의 언약을 믿고 의지하면서 하나님의 자녀
로서의 믿음을 굳게 지키자.

> "너희는 오늘 내가 너희에게 명하는 모든 명령을 지키라 그리하
> 면 너희가 강성할 것이요 너희가 건너가 차지할 땅에 들어가서
> 그 것을 차지할 것이며."(신 11:8)

> "그들과 그들의 후손에게 주리라 하신 땅 곧 젖과 꿀이 흐르는
> 땅에서 너희의 날이 장구하리라."(신 11:9)

우리는 하나님 여호와를 사랑하여 마음을 다하고 뜻을 다하
여 섬기고 자녀에게 하나님 말씀을 가르치자.

누워 있을 때든지 일어날 때든지 길을 걸어갈 때든지 언제나
하나님 말씀을 강론하면 여호와께서 너희 땅에 이른 비, 늦은
비를 적당한 때에 내리게 해서 곡식을 얻을 것이고 배부르게
할 것이니 다른 신을 믿고 섬기지 말고 아름다운 땅을 지키라
고 하셨다. 그것이 하나님의 울타리 안에서 복이 될 것이다.

하나님 나라는 세상 나라와 함께 있지만 경계를 지어 울타리
를 세워 하나님 외에는 누구도 침범할 수 없고 간섭할 수 없어
야 한다.

> "주의 나라는 영원한 나라이니 주의 통치는 대대에 이르리이

다. 모든 넘어지는 자를 붙드시고 비굴한 자들을 일으키시는도다."(시 145:13~14)

"예수께서 대답하시되 내 나라는 이 세상에 속한 것이 아니니라. 빌라도가 이르되 그러면 네가 왕이 아니냐. 예수께서 대답하시되 네 말과 같이 내가 왕이니라."(요 18:36~37)

내가 사는 세상의 왕은 누구인가?

내 스스로가 왕이 되기를 원하는가? 그리스도인은 하나님이 우리 왕이시다. 하나님을 섬기고 따르고 믿음으로 하나님 말씀을 거역하지 않고 하나님의 통치와 다스림을 받고 살자. '하나님 나라'라는 아름다운 세상이 있어서 참 좋다.

# 죽음 앞에서의 기도

## 죽음은 내가 죽는 것이 아니라 삶이 변화되어 옮겨지는 것이다

죽음은 어둠의 권세가 판치는 세상에서 하나님 나라로 옮겨가는 것이다.

세상 사람들은 죽음이 생명의 끝이라고 생각한다. 그러나 그리스도인은 죽음을 통해 하나님 안에서 날로 새롭게 된다는 믿음을 가지고 살아간다.

고대 이스라엘 사람들도 죽음을 현재 살고 있는 세계의 연장으로 생각하였으며 사후세계에 대한 믿음이 있었다. 그들은 죽은 사람이 매장되면 신령한 몸으로 다시 살아난다고 생각했다. 그래서 죽은 사람을 매장하지 않는다는 것은 죽은 이에게 치욕적인 일이며 신이 그를 벌한 것이라 생각하였다.

"만일 그리스도 안에서 우리의 바라는 것이 다만 이생뿐이면 모든 사람 가운데서 우리가 더욱 불쌍한 자이니라."(고전 15:19)

"육의 몸으로 심고 신령한 몸으로 다시 살아나나니 육의 몸이 있은즉 또 영의 몸도 있느니라."(롬 15:44)

"믿음으로 에녹은 죽음을 보지 않고 옮겨졌으니"(히 11:5)

나사로의 육신은 죽음에서 다시 살아났으나 결국 다시 죽었다. 육신은 영원히 살 수 없다.

참 생명이란 영원한 것이므로 육신이 살아난 것은 진정한 생명으로 거듭난 것이라고 할 수 없다.

참 생명은 육신의 죽음을 통해 회복된다. 겉 사람(육신)이 죽으면 속사람(영혼)이 하나님의 능력으로 그리스도 안에서 다시 태어나는데 이렇게 다시 태어난 참 생명은 부활의 몸으로 영원히 하나님 나라에서 살아간다. 따라서 육체의 죽음은 우리 안에서 새로운 생명이 태어나는 것이다.

애벌레가 허물을 벗어 나비가 되고 매미가 되는 것을 생각하면 쉽게 이해할 수 있다.

"모든 눈물을 그 눈에서 닦아주시니 다시는 사망이 없고 애통하는 것이나 곡하는 것이나 아픈 것이 다시 있지 아니하리니  처음 것들이 다 지나갔음이러라."(계 21:4)

우리의 삶 속에 가장 깊이 자리 잡고 있는 삶과 죽음 그리고 성(性)을 진지하게 생각해 본 적이 있습니까? 세상 사람들은 최고의 부와 권력을 추구하면서 성적 쾌락을 즐기며 살고 있다. 하나님께 속한 선한 것들은 멀리하고 산다. 죽음은 나와 무관한 것이고 멀리 있는 것으로 생각한다. 그러나 죽음은 늘 우리 곁에 있다. 누구나 한 번은 죽는다. 한 번밖에 없는 죽음을 늘 준비해야 한다.

새 하늘과 새 땅은 눈물도 아픔도 없고 신부가 남편을 위해 단장한 것 같다고 한다. 그래서 죽음은 때로는 하나님께서 우리에게 주는 마지막 선물이라고 할 수 있다.

그런데 죽음의 문턱 앞에 있으면 무엇을 생각하고 무슨 기도를 할까? 죽음 이후 우리가 새로운 생명으로 다시 태어난다고 믿으면 죽음을 좀 더 쉽게 받아들일 수 있을까? 죽음의 축복을 달라고 하나님께 기도할 수 있을까?

질병에 걸려 죽음의 문턱을 드나들면 우리는 절망할 수도 있다. 그러나 그리스도인은 기도를 통해서 육체는 쇠하여지나 영은 기쁨으로 변하는 것을 경험하고 사람이 죽으면 겉 사람(육신)은 썩을지라도 속사람(영혼)은 그리스도 안에서 새롭게 된다는 믿음을 가지고 있다. 그리스도인은 이러한 부활신앙이 있기 때문에 죽음의 권세를 이기는 사람들이며 영원히 사는 사람들이다.

나는 2003년 6월에 머리를 다치면서 외상성 뇌출혈(뇌손상)을 입었다. 119 구급차에 실려서 신촌세브란스병원 응급실로 옮겨졌다. 사고 후 3일 뒤 의식불명 혼수상태로 식물인간이 되었다. 죽음의 문턱 앞에 섰다.

뇌손상으로 인지기능장애와 기억상실 그리고 혼수상태, 미각과 후각이 장애를 일으켜서 중환자실과 일반병실을 오가며 치료를 받았다.

중환자실에서 손발을 병상에 묶어 놓고 집중적으로 치료를 했다고 한다. 많은 사람들이 죽는다고 했고 살아도 정상적인 몸 상태는 아닐 것이라고 했다.

병원에서는 심각할 경우 죽을 수도 있고 지속적인 혼수상태, 반신마비, 언어장애 같은 후유증이 있을 것이라고 했다.

죽음 앞에서 처음에는 놀란 가슴에 어쩔 줄 몰랐지만 어머니와 아내는 중환자실 앞에서 기도했다. "살아도 주를 위하여 살고 죽어도 주를 위하여 죽나니 사나 죽으나 주의 것입니다. 주의 뜻대로 하시옵소서." 아내는 계속 기도하면서 하나님을 찾고 하나님의 음성을 듣기 시작했다.

"모든 세포를 살려줄 것이다. 새롭게 하겠다. 모든 염려를 내게 맡기라." 말씀하셨다. 아내는 오직 회개와 감사의 눈물을 흘리며 중환자실 앞에서 밤을 새워 기도했다.

하나님께서 건강을 회복시켜 주실 것입니다. 하면서 어머니와 함께 기도했다. 100% 믿어졌고 날마다 감사의 기도를 드렸다고 했다.

> "그런즉 누구든지 그리스도 안에 있으면 새로운 피조물이라 이전 것은 지나갔으니 보라 새것이 되었도다."(고후 5:17)

나는 죽지 않고 살아났다. 약 5년 가까이 재활운동을 하는 수고가 있었지만 회복의 은총을 입었다. 이렇듯 죽은 목숨이 다시 살아난 것은 기적이고 신비스러운 일이다.

새롭게 거듭났다. 이전 것은 다 지나갔고 다 새것이 되었다. 나는 하나님과 함께 일하는 사람이 되어서 하나님의 은혜를 헛되게 하지 않는 사도 바울과 같은 사람이 되기를 기도하고 있다.

> "만일 그리스도 안에서 우리의 바라는 것이 다만 이생뿐이면 모든 사람 가운데서 우리가 더욱 불쌍한 자이니라."(고전 15:19)

> "육의 몸으로 심고 신령한 몸으로 다시 살아나나니 육의 몸이 있은즉 또 영의 몸도 있느니라."(롬 15:44)

사도 바울이 길을 가는데 다메섹에서 하늘로부터 빛이 그를 둘러 비추어 땅에 엎드려 소리를 들으니 "사울아 사울아 네가 어찌하여 나를 박해하느냐" 하고 사도 바울은 땅에서 일어나 눈을 떴으나 아무것도 보지 못하고 사흘 동안 먹지도 마시지도 못하였다.

예수님께서 사도 바울에게 "내 이름을 이방인과 임금들과 이스라엘 백성들에게 전하기 위하여 택한 나의 그릇이라. 성령으로 충만하게 하시리라" 하니 사도 바울의 눈에 비늘 같은 것이 벗어져 다시 보게 되고 세례를 받고 전 생애를 전도에 힘쓴다. 기독교를 핍박하던 사람이 사도가 되어 고난과 박해를 받던 사도 바울은 죽을 때 모든 것이 하나님의 은혜라고 고백하고 순교했다.

사도 바울이 무엇 때문에 순교가 가능했을까. 예수님을 만났기 때문이다. 예수 그리스도의 십자가 사랑과 하나님 나라에 들어가서 영원한 생명으로 다시 살아나는 소망과 기쁨 때문에 순교가 가능했을 것이다.

나는 뇌출혈이 있기 전에는 교회를 나갔지만 하나님을 만나지 못했다. 하나님의 말씀이 들리지도 보이지도 않았다. 하나님 아들로 살아야 하는데 늘 욕심 부리고 술 취해 사는 방탕한 생활을 했다. 그러다 보니 설교 내용을 비판하고 사람들을 정죄하고 헌금 얘기만 나오면 경기(驚起)를 일으킬 정도로 거부감이 많았다.

뇌출혈로 生과 死의 갈림길에서 병원에 있을 때 내 곁에는 하나님의 은혜와 치유의 사랑, 어머니와 아내의 헌신적인 기도가 있었다. 나는 많은 분들이 오셔서 염려해 주시고 기도해 주신 덕분에 살 수 있었다. 하나님이 사랑의 손길로 치유해 주셨다. 주치의 선생님은 기적에 가깝다고 하셨다. 내가 죽음 앞에서 다시 산 것은 무슨 이유가 있을까?

내가 병 고침을 받아 살아나고 사고의 후유증으로부터 해방되었지만 진정한 내 삶이 무엇인가를 생각하며 다시 살아난 이유를 찾았다. 그것은 죽음 앞에서 겸손을 배우게 하고 겸손을 통해서 하나님을 만난 것이다. 새 생명을 찾은 것이다. 나의 겉 사람은 죽고 속사람은 다시 태어나서 성령의 능력으로 하나님의 말씀을 전하는 사람으로 살게 하려는 하나님의 계획을 알았다.

그래서 내가 지금 이 글을 쓰고 있는지도 모른다.

또 예수님의 생명이 내 몸에 나타나게 하려는 것을 알았고 하나님 나라에서 살아난 참 생명이 무엇인지를 전하는 청지기가 되기를 기도한다.

> "사망은 우리 안에서 역사하시고 생명은 너희 안에서 역사하느니
> 라."(고후 4:12)

> "우리의 겉 사람은 낡아지나 우리의 속사람은 날로 새로워지도
> 다."(고후 4:16)

우리는 영원히 살 수 없고 누구나 죽는다. 죽음 앞에서는 세상에 모든 것은 자랑할 것이 아무것도 없다. 썩어서 없어질 육체뿐이다.

우리는 항상 예수님의 죽음을 몸에 짊어지고 살아야 한다. 그것은 예수님의 생명이 우리에게 나타나게 하려는 것이기 때문이다. 따라서 우리의 참 생명은 육신의 죽음을 통해 회복된다. 겉 사람(육신)이 죽으면 속사람(영혼)이 하나님의 능력으로 그리스도 안에서 다시 태어나는데 이렇게 다시 태어난 참 생명은 부활의 몸으로 영원히 하나님 나라에서 살아간다. 따라서 육체의 죽음은 우리 안에서 새로운 생명으로 역사하는 것이다.

죽음의 문턱 앞에서 새로운 생명으로 부활됨을 믿으면 죽음의 축복을 달라고 하나님께 기도할 수 있다.

삶의 마지막 날 하나님을 만난 것이 가장 기쁘고 행복합니다. 고백하는 기도를 원한다. 하나님 앞으로 가는 것이 기대된다.

기도할 수 있기를 원한다.

> "아버지가 내게 가르쳐 이르시기를 내 말을 네 마음에 두라 내 명
> 령을 지키라 그리하면 살리라."(잠 4:4)

설사 지금은 부귀영화를 누리고 살더라도 죽음 앞에서는 무
엇이 남을까. 먼 훗날 후회하지 않기 위해서는 하나님의 마음
을 내 마음에 모시자.
하나님의 명령을 지키고 준행하면서 살리라는 믿음으로 오늘
도 호흡이 있는 날까지 기도하며 죽음을 받아들이고 이겨내
자. 믿음으로 승리하도록 성령 충만함을 위하여 기도하자.
죽음 앞에서도 신앙을 지킬 수 있는 믿음은 부활이다.

# 기도하는 사람의 마음가짐

## 마음의 중심에 하나님을 두라

내가 평생 기도하리로다. 기도는 지식으로 머리로 하는 것이 아니고 마음으로 가슴으로 하는 것이다.

> "여호와께서 내 음성과 간구를 들으시므로 내가 그를 사랑하는도다. 그의 귀를 내게 기울이셨으므로 내가 평생 기도하리로다."(시 116:1)

내 몸은 내 마음이 원하는 대로 움직여 쉽게 따르지만 내 마음은 마음이 하라는 것을 따라주지 않을 때가 많다. 마음의 일부는 기도를 하고 싶고 일부는 하고 싶지 않은 것은 내 마음이 기도할 준비가 되어 있지 않고 온전하지 않다는 것이다.

이 때 기도하면 우리 마음이 옛 습관 때문에 내 마음이 강하게 지배하고 온전하지 못해서 내가 원하는 기도를 하게 된다. 기도는 기도할 마음이 있을 때 하라.

기도는 믿음과 부활의 소망을 가지고 하나님을 대상으로 하라. 하나님은 두려움의 대상이 아니고 사랑이시다. 사랑하는 마음으로 기도하라. 하나님의 명령이므로 반드시 기도해야 한다.

기도는 믿음과 부활의 소망을 가지고 하나님을 대상으로 하라.

**❙ 하나님 나라와 의를 구하라.**

> "그의 뜻대로 무엇을 구하면 들으심이라. 우리가 무엇이든지 구하는 바를 들으시는 줄 안즉 우리가 그에게 구한 그것을 얻은 줄을 또한 아느니라."(요일 5:15)

우리는 우리의 소원을 하나님께 구한다. 그러나 우리가 하나님의 종이라면 우리의 소원을 하나님께 구하기보다는 하나님이 우리에게 말씀하신 뜻을 구하는 것이 옳은 기도다.
하나님 나라와 그의 뜻을 구하면 우리를 하나님의 뜻으로 채우시고 우리의 지식을 자라게 하시고 범사에 기쁘게 하시며 선한 열매를 맺게 하신다.

**2** 하나님을 인격적으로 신뢰하고 기억하고 기도하라.

하나님은 인격적인 하나님이시다. 내 아버지이시다. 아버지라 부르며 기도하자. 아버지는 아들이 구하면 잘못 구해도 구하는 것보다 더 좋은 것을 주실 것이다.

하나님과 인격적인 신뢰관계가 없으면 수백 번 수천 번 기도를 해도 아무 소용이 없다. 오직 그리스도 예수님 안에 포도나무가지처럼 붙어서 관계를 맺고 한마음이 될 때 우리의 기도를 응답하신다.
하나님을 늘 기억하고 기도할 때 하나님 안에서 기뻐할 때 만나주시고 굽어살펴주시며 나의 모든 것을 허락해 주신다.

**3** 인간은 유한하고 나약한 존재라는 것을 인식하고 겸손한
   마음으로 기도하라.

"나는 하나님의 은혜가 아니면 아무것도 할 수 없는 존재"라고 고백하면서 어린아이와 같은 마음으로 하나님을 의지하고 겸손한 마음으로 기도하면 하나님이 내 안에 임하시고 나와 함께하신다. 하나님 나라는 어린아이와 같이 힘없고 병든 자, 가난하고 소외된 자들처럼 나약한 자들을 위한 나라다.

**4** 꾸밈없이 있는 그대로 아뢰고 하나님께 완전히 맡겨라.

> "엘리가 사무엘을 불러 이르되 … 내게 숨기지 말라 네게 말씀하
> 신 모든 것을 하나라도 숨기면 하나님이 네게 벌을 내리시고…
> 사무엘이 자세히 말하고 조금도 숨기지 아니하니 그가 이르되 이
> 는 여호와이시니 선하신대로 하실 것이니라."(삼상 3:16~18)

> "나라면 하나님을 찾겠고 내 일을 하나님께 의탁하리라"

> "하나님은 헤아릴 수 없이 큰일을 행하시며 기이한 일을 셀 수 없
> 이 행하시나니"(욥 5:8~9)

거짓말을 하지 말라. 나 자신을 속이지 말라. 아무리 가난하여
도 내 일을 하나님께 의탁하고 성실히 행하고 기도하는 사람
은 입술이 패역하고 미련한 사람보다 나으니라. 예수님은 우
리를 위해 기도하시고 하나님은 헤아릴 수 없는 일을 행하시
며 하나님의 도우심이 우리 눈에 보일 것이다.

> "지으신 것이 하나도 그 앞에 나타나지 않음이 없고 우리의 결
> 산을 받으실 이의 눈앞에 만물이 벌거벗은 것 같이 드러나느니
> 라."(히 4:13)

> "사무엘이 자라매 여호와께서 그와 함께 계셔서 그의 말이 하나
> 도 땅에 떨어지지 않게 하시니."(삼상 3:19)

사무엘은 하나님 앞에 갔을 때 벌거벗은 것같이 나타나지 않는 것이 하나도 없다는 것을 알았기에 모든 것을 하나도 숨김없이 말하니 사무엘이 말한 것은 하나도 땅에 떨어진 것이 없고, 헛된 것이 없고 하나님의 말씀으로 사무엘에게 하나님을 나타내셨다.

사람들은 마음이 병들고 악하여 자기 자신을 숨기려고 한다. 기도할 때만큼은 보태거나 빼는 것이 없이 하나님 앞에 아뢰면 하나님은 일하시고 우리를 통해 하나님을 나타내실 것이다.

**5** 기도를 가볍게 여기지 말고 기도를 하지 않으면 죽을 것 같은 마음으로 간절하게 기도하라.

"예수께서 힘쓰고 애써 더욱 간절히 기도하시니 땀이 땅에 떨어지는 핏방울 같이 되더라."(눅 22:44)

예수님께서도 하나님께 간절히 기도하셨다. 간절한 기도는 하나님의 마음을 변화시키는 것보다 내 마음을 변화시켜 하나님이 나를 통해서 일하시는 것을 알게 한다.
그러므로 기도를 가볍게 여기지 말라. 간절하게 기도하라.

**6** 기도하는 중에 낙심하지 말라.

하나님이 주시는 은혜와 내가 간구하는 기도의 응답에 괴리가 있을 때 우리는 낙심하기 쉽다.

> "나무는 희망이 있나니 찍힐지라도 다시 움이 나서 연한 가지가
> 끊이지 아니하며 그 뿌리가 땅에서 늙고 줄기가 흙에서 죽을지
> 라도 물 기운에 움이 돋고 가지가 뻗어서 새로 심은 것과 같거니
> 와."(욥 14:7)

> "욥이 풍자하여 이르되 나는 지난 세월과 하나님이 나를 보호하
> 시던 때가 다시 오기를 원하노라."(욥 29:1)

욥은 고난받는 날 동안에도 낙심하지 않고 참고 기다리겠다
고 기도한다.

> "하나님께서 그 밤낮으로 부르짖는 택하신 자의 원한을 풀어주
> 지 아니하시겠느냐 그들에게 오래 참으시겠느냐 내가 너희에게
> 속히 원한을 풀어주시리라."(눅 18:7~8)

예수님께서는 비유를 들어 낙심하지 말아야 할 이유를 설명하
셨다. 어떤 도시에 하나님을 두려워하지 않으면서 사람을 무
시하는 재판장이 있었다.

어느 날 그 도시에 한 과부가 자주 와서 재판장에게 원수에 대
한 내 원한을 풀어달라고 번거롭게 하니 불의한 재판장은 기
도하면서 풀어 주리라는 마음을 가졌다.

그러자 하나님께서는 과부의 원한을 풀어주었다.

불의한 사람의 기도도 들어주시는데 하물며 밤낮으로 부르짖는 하나님의 사람, 하나님 백성의 기도를 들어주지 않을까? 예수님께서는 하나님이 들으시고 속히 기도를 이뤄주신다고 말씀하셨다.

참고 기다리면 적절한 하나님의 때에 우리의 기도를 들어주신다. 속히 응답하지 않는다고 낙심하거나 기도를 중단하지 말기 바란다.

## 7 외식하는 기도는 하지 말라.

"새벽 아직도 밝기 전에 예수께서 일어나 나가 한적한 곳으로 가서 거기서 기도하시더니."(막 2:35)

"은밀한 중에 보시는 네 아버지께서 갚으시리라."(마 6:18)

"예수는 물러가서 한적한 곳에서 기도하시니라."(눅 5:16)

"예수께서 기도하시러 산으로 가사 밤이 새도록 하나님께 기도하시고."(눅 6:12)

사람에게 보이지 않게 기도해도 하나님은 은밀한 중에 보시고 갚으시므로 외식하는 자들같이 보이지 말라고 열심을 다하여 기도하라고 한다.

**8** 중언부언하지 말라. 우상을 위해 기도하지 말라.

> "또 기도할 때에 이방인과 같이 중언부언하지 말라 그들은 말을 많이 하여야 들으실 줄 생각하느니라."(마 6:7)

> "믿음이 작은 자들아 그러므로 염려하여 이르기를 무엇을 먹을까 무엇을 마실까 무엇을 입을까 하지 말라 이는 다 이방인들이 구하는 것이라."(마 6:32)

기도할 때 중언부언하지 말라는 의미는 말을 두서없이 많이 하지 말라는 의미보다는 하나님은 우리가 구하기 전에도 우리에게 있어야 할 것을 알고 계시므로 이방인처럼 기도하지 말라고 하는 의미가 더 크다. 무엇을 먹을까 무엇을 마실까 무엇을 입을까 염려하는 기도를 하지 말라는 것이다.

이방인의 기도는 세상에서 부귀영화를 누리는 기도이다. 기도할 때 이것을 삼가라는 것이다. 우리는 먼저 하나님 나라와 하나님의 의를 구하라는 뜻이다. 그리하면 구하는 모든 것을 너희에게 더하시리라 말씀하신다.

> "너희는 우상숭배 하는 자가 되지 말라."(고전 10:7)

> "엘리야가 모든 백성에게 가까이 나아가 이르되 너희가 어느 때까지 둘 사이에서 머뭇머뭇 하려느냐 여호와가 만일 하나님이면 그를 따르고 바알이 만일 하나님이면 그를 따를지니라."
> (왕상18:21)

기도는 호흡이다

> "그들이 받은 송아지를 가져다가 잡고 아침부터 낮까지 바알의 이름을 불러 이르되 바알이여 우리에게 응답하소서 하나 아무도 소리도 없고 아무도 응답하는 자가도 없으므로 그들이 그 쌓은 제단 주위에 뛰놀더라."(왕상18:26)

바알 신은 다른 자연 신들보다 탁월한 풍요의 신이라고 한다. 하지만 바알 신의 선지자라는 사람들이 하루 종일 기도해도 아무 소리도 없고 응답하는 자도 없으며 그들을 보살피는 사람도 없으니 그들은 제단 주위에서 놀고 있었다고 한다.
하나님과 우상 사이에서 머뭇머뭇하지 말고 우상을 숭배하는 기도는 하지 말라고 성경은 경고한다. 특히 내가 우상을 만들고 그 우상을 위해 기도하지 말자.

**9** 하나님께 온전히 의존하고 믿고 기다려라.

> "여호와께서는 기다리시나니 이는 너희에게 은혜를 베풀려 하심이요 일어나시리니 이는 너희를 긍휼히 여기려 하심이라 대저 여호와는 정의의 하나님이심이라 그를 기다리는 자는 복이 있도다."(사 30:18)

하나님은 내가 나 자신의 나약함을 인정하고 하나님께 의지할 때까지 기다리신다.
기도하는 중에 어떤 기도가 내 마음과 같아 보이고 내 마음에

든다고 해서 내가 하나님과 가까워졌다고 생각하지 말자.
그 마음을 내려놓고 내 마음을 하나님께 맞추는 기도를 드려야 한다. 그리고 믿고 기다려야 한다.

하나님의 때가 되면 천년이 하루같이 올 것이고 모든 일이 다 드러나고 이루어질 것이다.
하나님의 일이 더디다고 생각하지 말고 오래 참으면 모든 것이 풀어질 것이다.
기도를 통해서 하나님께 온전히 의존할 때 괴로움과 슬픔이 없고 행복할 것이다.

기도를 도구로 사용하지 말고 내가 기도의 도구가 되어야 한다. 하나님이 일하심으로 하나님의 선한 뜻을 이루는 것에 쓰임 받는 내가 되자. 그리하면 나의 간구가 성취되고 하나님의 뜻이 이루어진다. 하나님 손에 든 도구가 되어 호흡이 끝나는 날까지 기도하자.

기도는 호흡이다

# 숨겨진 하나님 나라의 비밀

## 기도는 하나님 나라의 숨겨진 비밀을 찾는 것이다

"하나님 나라의 비밀을 너희에게 주었으나 외인에게는 모든 것을 비유로 하나니 이는 그들로 보기는 보아도 알지 못하며 듣기는 들어도 깨닫지 못하게 하여"(막 4:11~12)

"사람이 마땅히 우리를 그리스도의 일꾼이요 하나님의 비밀을 맡은 자로 여길지어다."(고전 2:1)

예수님께서 우리에게 하나님 나라의 비밀을 맡겨주셨다. 기도하고 하나님 말씀을 새겨서 듣고 순종하는 사람은 숨겨진 하나님의 비밀인 지혜와 능력을 숨길 것이 없고 감추어진 것이 없이 보리라.

"하나님이 자기를 사랑하는 자들을 위하여 예비하신 모든 것은 눈으로 보지 못하고 귀로 듣지 못하고 사람의 마음으로 생각하

지 못하였다. 하나님이 오직 성령으로 이것을 우리에게 보이셨
다."(고전 2:9~10)

하나님 나라의 비밀은 우리 스스로는 알지 못한다.
하나님의 마음소리에 귀 기울이고 기도하여 성령이 내 안에 들
어오면 각자의 경험을 통하여 알 수 있다. 하나님만 앙모하는
사람은 하나님의 뜻에 귀를 기울이고 그 뜻을 행하면 하나님
나라의 비밀, 노아 홍수의 비밀, 바벨에서 사람들을 흩어버리
고 언어를 혼잡하게 하는 사건, 소돔과 고모라의 비밀, 애굽의
기근, 애굽 땅의 10가지 재앙 등 숨겨진 비밀들을 알 수 있다.

"너는 내게 부르짖으라 내가 네게 응답하겠고 네가 알지 못하는
크고 은밀한 일을 네게 보게 하리라."(렘 33:3)

"대답하여 이르시되 천국의 비밀을 아는 것이 너희에게는 허락되
었으나 그들에게는 아니되었나니."(마 13:11)

"주 여호와께서는 자기의 비밀을 그 종 선지자들에게 보이지 아
니하시고는 결코 행하심이 없으시리라."(암 3:7)

우리가 진정과 신령으로 기도할 때 하나님께서는 하나님의 비
밀인 지혜와 긍휼과 자비를 베푸신다.
내 마음과 내 손에 가지고 있는 우상들을 버리고 하나님 앞에
기도하고 회개할 때 하나님은 침묵하지 않고 하나님의 얼굴을
나에게 숨기지 않으시고 보일 것이다. 나의 눈을 밝히시고 하

나님 나라의 숨겨진 비밀을 보여줄 것이다.

하나님은 반드시 행하십니다. 그래서 우리는 기도해야 합니다. 그래야 하나님 나라의 숨겨진 비밀을 깨달을 수 있고 볼 수 있습니다.

하나님 나라의 숨겨진 비밀은 포도원 품꾼의 비유, 땅에 떨어진 씨의 비유, 겨자씨 비유, 등불의 비유들로 설명하고 있다.

> "천국은 마치 품꾼을 얻어 포도원에 들여보내려고 이른 아침에 나간 집 주인과 같으니 그가 하루에 한 데나리온씩 품꾼들과 약속하여 들여보내고 제육시와 제구시에 … 종일토록 놀고 있는 … 너희도 포도원에 들어가라 하니라. 날이 저물어 품꾼들에게 나중 온 자부터 시작하여 먼저 온자까지 삯을 주라 하니 … 한 데나리온씩 받은지라 … 같게 하였나이다. 이와 같이 나중 된 자로서 먼저 되고 먼저 된 자로서 나중 되리라"(마 20:1~16)

> "천국의 말씀을 듣고 깨닫지 못할 때에는 악한 자가 와서 그 마음에 뿌려진 것을 빼앗나니… 길가에 뿌려진 자요… 돌밭에 뿌려졌다는 것… 가시떨기에 뿌려졌다는 것은 말씀을 들으나 세상의 염려와 재물의 유혹에 말씀이 막혀 결실하지 못하는 자요. 좋은 땅에 부려졌다는 것은 말씀을 듣고 깨닫는 자니 결실하여 어떤 것은 백 배, 육십 배, 삼십 배…"(마 13:19~23)

> "천국은 마치 사람이 자기 밭에 갖다 심은 겨자씨 한 알 같으

니 이든 모든 씨보다 작은 것이로되 자란 후에는 풀보다 커
서 나무가 되매 공중의 새들이 와서 그 가지에 깃들이느니라."
(마 13:31~32)

비유는 하나님 나라의 속성과 비밀을 말하고 있다. 비유를 들
어 창세 전부터 감추어진 것들을 드러내려고 우리가 알아들
을 수 있게 말씀을 가르쳐주지만 기도하지 않으면 깨닫지 못
한다.

포도원 품꾼의 비유는 하나님 나라의 백성으로 택함을 받은
것이다. 포도원의 주인이신 하나님은 우리를 품꾼으로 포도
원에서 일을 시키기 위해 부른 것이 아니고 포도원 안으로 들
여보내는 것이 목적이다.

하루에 한 데나리온씩 품삯을 주기로 품꾼들과 약속하여 이
른 아침에 들여보내고 제육시와 제구시에 들어온 자나 종일
토록 놀다가 포도원에 들어온 자나 날이 저물어 청지기가 품
꾼들에게 나중 온 자부터 시작하여 먼저 온 자까지 삯을 한 데
나리온씩 같게 주었다. 품꾼들은 주인을 원망했다. 주인은 내
것을 가지고 내 뜻대로 한다고 말했다.

기도하는 우리는 품꾼으로 택함을 받은 것으로 족하다. 포도
원인 하나님 나라에 품꾼으로 들어가서 하나님의 자녀로 차
별 없이 사는 것이 중요하지 한 데나리온이라도 더 품삯을 챙

기는 것이 아니다.

"씨는 하나님의 말씀이요."(눅 8:11)

"씨"는 하나님의 말씀이다. 하나님의 말씀을 듣고 깨닫지 못하고 기도하지 않으면 씨가 길가에 돌밭에 가시떨기 밭에 뿌려져 결실을 맺지 못하는 것같이 된다. 그러면 하나님 나라의 비밀을 알 수 없다. 씨는 좋은 밭에 뿌려져 죽어서 썩어야 열매를 맺는다. 좋은 마음 밭은 스스로 되는 것이 아니라 씨앗이 내 안에 들어와 죽어 스며들어야 된다. 씨는 좋은 밭에 뿌려지면 열매를 맺는다. 하나님은 그 열매를 모아 자기 곳간에 넣으리라고 말씀하신다. 이것이 하나님 나라의 숨겨진 비밀이다.

"누구든지 등불을 켜서 그릇으로 덮거나 평상 아래 두지 아니하고 등경 위에 두나니 이는 들어가는 자들로 그 빛을 보게 하려 함이라."(눅 8:16~17)

등불을 밝힘으로 어둠에 숨겨진 비밀을 알 수 있다.
겨자씨 같은 작은 믿음을 가지고 있다 할지라도 하나님 말씀을 듣고 기도하여 믿음이 자라면 포도원에 품꾼으로 택함을 받고 하나님 나라의 곳간에 채워질 것이다. 이것이 창조자 하나님과 하나님 나라의 비밀임을 설명하는 것이다.

# 2부

# 기도
# 하는

# 사람

# 기도하면 하나님이 내 안에 오신다

하나님이 임재하면 내가 사는 것이 아니다
내 안에 그리스도가 사는 것이다


"하나님 나라는 너희 안에 있느니라."(눅 17:21)

"내가 그리스도와 함께 십자가에 못 박혔나니 그런즉 이제는 내가 사는 것이 아니요 오직 내 안에 그리스도께서 사시는 것이라."(갈 2:20)

하나님께서 우리에게 주신 은사 중 하나가 기도다.

기도는 그리스도인이 가져야 할 가장 큰 덕목이다. 기도를 통해서 힘을 얻고 내가 하는 일들이 하나님이 내 안에 들어와 나를 통해 일하시는 것을 깨닫고 참된 모습으로 삶이 바뀐다. 하나님이 임재하면 내가 죽고 내가 사는 것이 아니고 하나님이 내 안에서 살아계심을 체험한다. 이것이 하나님 나라다.

기도하지 않으면 알 수가 없다.

기도하면 하나님은 늘 내 곁에 계시고 마음속 깊은 곳에 다양한 방법으로 임재하신다.

그러나 세상 사람들의 삶의 목적은 내 것을 채움에 있다. 그래서 부와 명예를 좇아 살다 보니 하나님도 없고 쉼도 없고 늘 고단하다. 하나님도 내 안에 들어 올 틈이 없어서 쉴 곳이 없고 편할 곳이 없다. 내가 기도할 시간이 없고 하나님 말씀을 볼 틈이 없어서 하나님이 함께 할 수 없다. 그리스도인은 하나님 말씀을 보고 기도함으로 내 안에 나를 비우게 되고 하나님의 말씀이 성령으로 들어와 나를 채워준다.

> "마귀의 궤계를 능히 대적하기 위하여 하나님의 전신갑주를 입어라. 우리의 씨름은 혈과 육에 대한 것이 아니요 정사와 권세와 이 어둠의 세상 주관자들과 하늘에 있는 악의 영들에게 대함이라."(엡 6:11~12)

> "모든 성경은 하나님의 감동으로 된 것으로 교훈과 책망과 바르게 함과 의로 교육하기에 유익하니 이는 하나님의 사람으로 온전하게 하며 모든 선한 일을 행할 능력을 갖추게 하려 함이니라."(딤후3:16~17)

다시 말하면 기도로 하나님 뜻을 내 안에 채워서 나를 비우므로 하나님의 능력과 힘이 우리 안에 들어와 채워진다. 하나님의 지혜와 능력으로 무장하여 나를 방어하므로 마귀 사탄은 들어오지 못하고 나는 살아서 하나님의 사람이 되는 것이다. 따라서 우리는 성경에 나오는 교훈과 책망을 바르게 배우고 익히고 기도함으로 하나님이 내 안에 임재하여 하나님의 사람으로 온전케 되어 자기를 부인하고 하나님 마음으로 산다.

> "육신의 생각은 사망이요 영의 생각은 생명과 평안이니라."(롬 8:6)

> "너희 속에 하나님의 영이 거하시면 너희가 육신에 있지 아니하고 영에 있나니 누구든지 그리스도 영이 없으면 그리스도의 사람이 아니라."(롬 8:9)

기도함으로써 하나님의 전신갑주를 입고 영적 싸움으로 내 안에 있는 육신의 생각인 욕심, 불안과 근심 걱정, 시기와 질투 등등은 없어진다. 그 자리에 하나님이 오신다.

하나님 말씀이 생명이 되고 능력이 되어서 어떤 상황 속에서도 요동치지 않고 흔들리지 않고 하나님의 마음이 내 안에 채워져서 세상 나라에서 하나님 나라로 옮겨 놓는 삶이 된다. 즉 하나님이 내 안에 임재하면 소속이 달라진다.

> "그리스도 예수의 사람들은 육체와 함께 그 정욕과 탐심을 십자가에 못 박았느니라."(갈 5:24)

> "우리가 예수 그리스도와 함께 죽었으면 또한 그와 함께 살 줄을 믿노니."(롬 6:8)

그렇게 되면 나는 하나님의 마음에 이끌리어 내 마음은 십자가에 못 박아 죽음으로 세상 나라는 멀리하면서 내가 좋을 대로 사는 것이 아니라 하나님 좋을 대로 산다. 내 마음속 깊이 자리 잡고 계신 하나님. 그것이 가장 큰 축복이다.

# 기도의 기적

## 가장 평범한 삶이 기적이다

"너희 중에 누가 염려함으로 그 키를 한자라도 더할 수 있겠느냐."(마 6:27)

매일매일 해가 뜨지만 늘 같은 모습이 없는 새날을 주시는 하나님의 기적을 누리고 살면서도 우리는 그것을 알지 못한다. 그것은 일상에 익숙해져 있기 때문이고 기도가 없기 때문이다. 생각해 보면 사람이 할 수 있는 일은 아무것도 없다. 모든 것이 하나님의 능력이고 은혜다.

기도를 작심하면 기적이 일어난다.
기도는 하나님의 크고 작은 은밀한 일을 보게 한다. 기도가 기적이다 말하면 이해하기 힘들 수 있다. 그러나 기도의 위력을 일상의 삶 속에서 경험하면 알 수 있다. 우리의 일상은 밥 먹고 잠자고 직장 가고 학교 가는 가장 평범한 삶이지만 오늘 살아있는 삶이 기적이다. 욕심내어 물질과 명예와 권력을 붙잡기보다는 세상의 순리를 거스르지 않고 평범하게 사는 것이 지혜가 아닐까.

내가 지나온 날들은 뒤돌아보면 굴곡이 많은 인생이었다. 날마다 숨 쉬는 순간순간마다 내가 살아온 60 평생을 뒤돌아보니 전부가 기적이다. 기적 같은 하루하루가 하나님의 은혜와 감사뿐이다. 기도하는 삶은, 달콤한 세상 풍습에 취해 하나님을 알지 못하고 어리석게 사는 것보다 하나님 말씀을 보며 사는 것은, 평범한 삶 같지만 늘 기적을 맛보며 살게 한다.

기도를 통해서 가장 평범한 것을 더 소중한 것으로 느끼는 삶, 소박한 것들 안에서 기쁨을 누리는 삶, 많은 사람들에게는 보잘것없는 작은 것이지만 만족하는 삶이 기도의 기적이다.

내 아내의 일상을 소개한다.

> "너희 중에 큰 자는 너희를 섬기는 자가 되어야 하리라. 누구든지 자기를 높이는 자는 낮아지고 누구든지 자기를 낮추는 자는 높아지리라."(마 23:11~12)

아내는 하나님의 말씀으로 사람들에게 선한 영향력을 끼친다. 지식으로 섬기는 사람이 아니라 삶으로 섬기는 사람이다. 세상 사람들이 보기에는 보잘것없고 작은 자일지라도 하나님께서 부르시고 작은 목자로 인도해 가시는 것이 내 눈에는 보인다. 아내를 통해서 하나님은 권력과 명예, 많은 물질과 학문과 지식을 가진 사람만을 하나님의 도구로 쓰시는 것이 아니라는 것을 알았다.

아내는 평범한 주부지만 선한 일을 하며 하나님 앞에 드릴 것을 늘 힘쓰며 기도하는 사람이다. 헛된 것에 마음을 두지 않는다. 아무것도 가진 것이 없으나 전부를 다 가지고 사는 행복한 여자라고 스스로 고백하는 아내이다.

이런 아내에게 기적이 일어났다. 2020학년도 대학입학시험 수시전형에서 서울장신대학교 신학과 목회사역전공으로 합격하였다. 아내가 40년 전 고등학교 때 꿈인 목회자의 길을 갈 수 있도록 하나님의 때에 하나님의 부르심을 받았다.

가장 평범한 것 같지만 기도의 기적이다. 막내딸과 같은 어린 학생들과 4년 동안 하나님을 붙잡고 새로운 푯대를 향하여 하나님의 뜻에 순종하고 도전하는 아내의 용기가 아름답다. 아내는 나이가 많아 몸은 늙어서 쇠하였고 늦은 나이에 신학 공부를 시작하였지만 열심히 공부할 수 있음을 감사함으로

기도는 호흡이다

즐겁게 공부한다. 아내의 1학년 1학기 성적은 수강 신청한 7과목 전부 A⁺이다. 2학년 1학기 성적도 똑같다. 일반 학생들에게는 평범한 것 같지만 아내처럼 늙고 가장 약한 사람에게는 하나님이 늘 함께 일하고 계심이 있기 때문에 기적이다. 그 속에 하나님의 은혜가 있고 아내로서 감당할 수 없는 것을 하나님이 함께함으로 가능하다는 것을 보았다. 기도하는 사람은 모든 것을 이루는 것을 경험한다.

기도하는 사람의 기적은 하루의 삶이 고단하기는 하지만 아무 탈 없이 지내는 일상의 삶이다. 그것이 행복이다. 행복을 잃으면 후회한다.

지금은 모든 것이 부족하고 불행한 것 같지만 시간이 지나고 나서 돌이켜 보면 그때 생각은 사치였고 그 시절이 가장 행복했었다고 회상할 것이다. 욕심이 많고 물질 소유가 최고의 가치라고 여기고 살면 행복하지 않다. 늘 부족함으로 만족이 없다. 기도를 통해서 모든 것 내려놓고 하나님과 관계를 긴밀히 가지고 일상의 삶 속에서 만족을 느끼고 살면 행복하다. 사람과의 관계도 마찬가지다. 권력과 명예, 물질 소유에 목적을 두지 않고 공동체 속에서 사람과의 관계를 서로 살피고 섬기며 살면 그것이 하나님의 뜻이고 우리에게는 자산이고 행복이다. 따라서 일상의 삶을 당연히 여기지 말라. 모세가 홍해를 가른 것만이 기적이 아니고 우리가 숨을 쉬고 살아서 걸어 다니는 것도 기적이다. 일상의 기적을 기도로 하나님께 감사하라.

"그를 오른손으로 높이사 임금과 구주로 삼으셨느니라."(행 5:31)

궁극적으로 기도의 기적을 보려면 예수님의 삶을 바라보자. 예수님이 때로는 기적을 베풀지만 기적을 베푸는 것은 하나님의 권위를 보여주시기 위함이다. 예수님은 권위주의자가 아니다. 예수님은 늘 낮은 자리에서 섬기며 사셨다. 기도할 때는 한적한 곳에서 기도했다. 예수님께 기도하는 사람에게 기적이 일어났다. 나무에 달아 죽인 예수님을 하나님이 살리셨다. 우리가 기도하고 회개하면 죄 사함을 받게 하려고 구주로 삼으셨다. 이것이 가장 위대한 사실이고 기도의 기적이다. 우리는 이 일에 증인이 되고 하나님께 순종하고 기도함으로 매일 기적을 맛보며 살자.

기적은 멀리 있는 것이 아니다. 기적만 바라보면 기도하면서 낙심할 수 있다. 기적은 큰 사건이 아니다. 가장 가까운 우리 곁의 일상의 삶 속에 있다. 그것을 경험하면서 믿음을 키워가자.

# 그리스도의 옷을 입자

기도하는 사람은 그리스도의 옷을 입고 나의 행실
을 죽이면 살리라

예수님이 내 안에 있으면 내가 기쁘면 예수님도 기쁘다.

예수님 안에서 마음을 지키고 다스리자.

이것이 그리스도의 옷이다.

"예수께서 다시 비유로 대답하여 이르시되 천국은 마치 자기 아
들을 위하여 혼인잔치를 베푼 어떤 임금과 같으니 그 종을 보내
어 그 청한 사람들을 혼인잔치에 오라 하였더니 오기를 싫어 하
거늘"(마 22:1~3)

"종들이 길에 나가 악한 자나 선한 자나 만나는 대로 모두 데려
오니 혼인잔치에 손님이 가득한지라 임금이 손님들을 보러 들어
올새 거기서 예복을 입지 않은 사람을 보고 이르되 친구여 어찌

하여 예복을 입지 않고 여기 들어 왔느냐 하니 그가 아무 말도 못 하거늘"(마 22:10~12)

세상 나라에서 입는 옷은 몸을 가리고 보호하고 뽐내는 것이다. 그러나 그리스도의 옷을 입고 살면 뱀같이 지혜롭고 비둘기같이 순결할 것이지만 가정에서부터 하나님을 믿지 않는 많은 사람들에게 미움을 받을 수 있다.

하나님께서 소와 살찐 짐승을 잡고 모든 것을 갖추어 놓고 혼인잔치를 베푸는 것처럼 우리를 천국 잔치에 초대를 했는데도 우리는 우리의 일상을 놓기 싫어서 가지 않고 사람들이 좋아하는 곳으로, 자기 논밭으로, 자기 사업장으로 간다.

천국 잔치에 예복을 차려 입고 참여하자. 하나님 나라의 천국 잔치는 남녀노소를 막론하고 누구든 참여할 수 있다. 그렇다고 아무나 참여할 수 있는 것은 아니다. 하나님 나라의 가치를 아는 사람은 예복을 입고 예의를 갖춰야 한다. 세상에서도 귀한 손님을 대접할 때는 예복을 입고 예의를 갖추는데 하물며 하나님 나라 잔치는 더욱 그렇다.

예복은 성결, 거룩, 구별을 의미한다. 하나님 앞에 합당하도록 우리의 몸과 마음을 깨끗이 하여 그리스도인으로 구별된 삶을 사는 사람만 천국 잔치에 참여할 수 있다. 기도하는 사람만 예복인 그리스도의 옷을 입을 수 있다. 그곳으로 가는 길은 길고 협착하다. 그래서 참여하는 사람이 적다.

"나는 여호와 너희 하나님이라 내가 거룩하니 너희도 몸을 구별하여 거룩하게 하고 땅에 기는 길짐승으로 말미암아 스스로 더럽히지 말라."(레 11:44)

"내가 거룩하니 너희도 거룩할지어다."(벧전 2:16)

하나님은 내가 거룩하니 너희도 거룩하고 구별되게 살라고 명령하신다. 세상풍속에 속아서 사는 사람들이 가장 어리석은 사람들이다. 세상풍속에 속지 말고 내가 하나님 말씀 따라 어떻게 하고 살지를 자세히 살피고 주의하는 사람이 지혜가 있는 사람이다. 허송세월하지 말고 세월을 아끼며 기도를 통하여 성령의 충만함을 받아 늘 하나님을 경외하고 복종하여 그리스도의 옷으로 갈아입어야 거룩할 것이다. 늘 하나님을 노래하며 찬송할 것이다.

"너희는 유혹의 욕심을 따라 썩어져가는 구습을 따르는 옛 사람을 벗어버리고 오직 너희 심령이 새롭게 되어 하나님을 따라 의와 진리의 거룩함으로 지으심을 받은 새 사람을 입으라."(엡 4:22)

성령의 인도함을 받은 사람은 나의 이름을 내고 나를 칭찬하는 소리에 귀를 기울이며 나의 위치나 권위를 다른 사람들에게 인식시키고 싶어 하는 사람에서 기도하는 사람으로 변하고 그리스도의 옷을 입은 사람이 된다.

"누구든지 그리스도와 합하기 위하여 세례를 받은 자는 그리스도로 옷을 입었느니라."(갈 3:27)

그리스도인은 이름 모를 잡초와 들꽃 같아도 그리스도와 합하기 위하여 세례를 받고 기도하면 하나님의 말씀을 기억해내고 지각을 열어 의의 말씀으로 나를 연단해서 하나님의 선하심을 따라 갈 수 있는 믿음의 선물을 하나님이 주신다. 이것이 그리스도의 옷이다.

나는 내 욕심을 따라 썩어져가는 옛 옷은 벗어버리고 오직 하나님을 따라 의와 진리의 거룩함으로 지음 받은 새 옷을 입는다. 그리스도의 옷으로 갈아입는 것이다.

기도하는 사람은 그리스도의 옷으로 바꿔 입는다. 즉 다시 태어난다. 예수님은 성령의 역사로 진리를 깨닫게 되어 위에 있는 하나님의 나라와 이 땅의 구원의 역사를 맛보는 것이 거듭남이라고 설명하고 있다. 사람이 거듭나면 죄의 습관을 지닌 옛사람을 벗어버리게 된다. 그리고 하나님의 말씀을 소리로 듣고 보고 그 말씀에 따라 성령님의 인도함을 받게 된다.

"오직 주 예수 그리스도의 옷을 입고 정욕을 위하여 육신의 일을 도모하지 말라."(롬 13:14)

우리는 그리스도의 옷을 입고도 하나님 앞에서 하는 기도가 육신의 정욕으로 하는 경우가 많다. 기도를 통하여 성령의 충만함을 받아 성령이 말하는 대로 기도하자.

그리스도의 옷을 입은 사람은 다시 태어난다. 기도하는 사람은 하나님께로부터 다시 태어난 사람이 된다. 하늘에 속한 사람이다. 행함과 진실함으로 서로 사랑하자. 그래야 진정한 그리스도의 옷을 입은 사람이다.

> "예수께서 그리스도이심을 믿는 자마다 하나님께로부터 난 자니 또한 낳으신 이를 사랑하는 자마다 그에게서 난 자를 사랑하느니라."(요일 5:1)

> "하나님께로부터 난 자마다 세상을 이기느니라. 세상을 이기는 승리는 이것이니 우리의 믿음이니라."(요일 5:4)

기도하는 사람은 하나님께로부터 났고 그리스도의 옷을 입은 사람이다. 세상 사람들은 하나님을 알지 못하는 까닭에 그들은 우리를 알지 못한다. 그리스도의 옷을 입었기 때문이다.

우리는 하나님의 의를 행하는 의로운 사람이다. 우리는 하늘에 속한 사람이니 세상에 있는 사람보다 크다. 하나님의 씨가 내 안에 거함으로 나는 거룩한 사람이다. 그래서 세상을 이기고 승리하는 사람이다.

"하나님께로부터 난 자마다 죄를 짓지 아니하나니 이는 하나님
의 씨가 그의 속에 거함이요 그도 범죄하지 못하는 것은 하나님
께로부터 났음이라."(요일 3:9)

하나님을 향하여 참 소망을 가진 사람들은 세상이 미혹하여
도 세상에 속한 말에 미혹당하지 않는다. 그것은 하나님의 말
씀이 내 안에 있고 그 말씀이 나를 주장하기 때문이다. 즉 세
상을 이기는 힘은 우리의 믿음이다.


나의 이름을 내고 나를 칭찬하는 소리에 귀를 기울이며 나의
위치나 권위를 다른 사람들에게 인식시키고 싶어 하는 사람은
기도하는 사람도 아니고 하나님께로부터 다시 태어난 사람이
아니다. 그리스도의 옷을 입은 사람도 아니다. 이런 사람은 죄
를 다스리는 것이 아니라 다스림을 받고 산다.
세상 사람들은 죄는 윤리적으로 도덕적으로 거슬리는 행동을
하거나 사람이 정해 놓은 법을 어길 때 죄를 지었다고 한다.
그러나 그리스도인은 기도하지 않으므로 하나님과의 관계가
끊어져서 하나님을 모르고 사는 것이 죄다. 그리스도인은 기
도함으로써 하나님의 절대주권과 공의를 인정하고 선을 행할
때 죄를 다스릴 수 있다.

"서로 사랑할지니 사랑은 허다한 죄를 덮느니라."(벧전 4:8)

삼위일체 하나님을 경험하지 못하고 지식적으로 알고 하나님을 따르는 사람은 하나님이 중심이 아니라 자신이 중심이 되기 쉽다.

기도는 하나님의 말씀이 소리가 되는 경험을 주었고 나의 마음을 만지시고 성령의 역사를 맛보며 성령의 역사는 나의 영광을 위해 사용된다.

그러므로 나는 참된 자를 알게 하고 참된 자 곧 예수 그리스도 안에서 있는 사람이 되어 흠이 없이 기쁨으로 하나님 앞에 서게 하실 예수님께 영광을 돌리며 하나님의 아들을 증언하리라. 이것이 그리스도 안에서 다시 태어난 사람이다. 이런 사람이 그리스도의 옷을 입은 사람이다.


세상 사람들이 볼 때 기도하는 사람은 우매하고 어리석고 바보처럼 보일 것이다. 그들은 기도하지 않고 보지 못하고 듣지 못하고 하나님의 사랑을 경험하지 못하므로 우리를 알지 못하기 때문이다.

기도하는 우리를 세상이 미워하여도 이상히 여기지 말고 기도하고 행함과 진실함으로 서로 사랑하자.

기도를 하는 사람은 잘못된 삶의 방식을 변화시키는 반면 기도하지 않는 사람은 하나님을 믿는다고 하지만 하나님의 뜻과 의를 따르지 않고 자기 의를 드러내며 자기부인이 없는 삶을 산다. 특히 하나님의 은혜와 도움 없이 스스로 힘써 구원을 얻고자 한다. 하나님만이 시련과 고통 속에서 우리를 건져낼 수 있고 우리를 죄에서 구원할 수 있다. 기도하지 않는 사람은 육으로 난 사람으로 하나님을 알지 못한다. 기도하는 사람은 성령으로 다시 태어난 사람이다. 즉 거듭난 사람은 하나님 나라를 볼 수 있고 성령을 따라 살고 육체의 욕심을 따라 살지 않는다. 그리스도의 옷을 입은 사람이다.

그리스도의 옷을 입은 사람은

심령이 가난한 자

애통하는 자

온유한 자

의에 주리고 목마른 자

긍휼히 여기는 자

청결한 자

화평하게 하는 자로서

의를 위하여 박해받는 자가 하늘에서 상이 크다는 것을 믿고 호흡이 끝나는 날까지 기도하자.

# 기도하는 그리스도인의 삶

## 하나님의 흠이 없는 자녀로 살라

모든 일을 할 때는 기도로 시작하자.

> "그 때에 이스라엘이 왕이 없으므로 사람이 각기 자기의 소견에 옳은 대로 행하였더라."(삿 21:25)

기도하는 그리스도인은 스스로를 그리스도와 함께 십자가에 못 박았으므로 내가 내 육신의 정욕대로 사는 것이 아니라 예수님을 믿는 믿음 안에서 그리스도가 사는 것이다.

그래서 자기 소견에 옳은 대로 사는 것이 아니라 하나님의 뜻대로 살아야 한다.

기도하는 사람과 기도하지 않는 사람의 모습은 서로 다르다.

기도하는 사람은 성령으로 난 사람이다. 기도하지 않는 사람은 육으로 난 사람으로 하나님을 알지 못한다. 즉 성령으로 거듭난 사람은 세상 사람과 비슷하거나 같은 모습으로 사는 것 같으나 하나님 나라를 볼 수 있고 성령을 따라 살며 육체의 정욕대로 살지 않는다.

육체의 정욕대로 사는 사람은 음행과 더러운 것과 호색하고 우상을 숭배한다.

사람들 사이에 원수 맺는 것과 분쟁과 시기질투와 분냄과 당짓는 것과 분열을 일삼고 술 취함과 방탕한 생활로 하나님 나라의 유업을 얻지 못한다.

기도하는 사람은 사랑과 희락과 화평과 오래 참음과 자비와 양선과 충성과 온유와 절제함으로 정욕과 탐심을 육체와 함께 십자가에 못박아 성령의 열매를 맺고 헛된 영광을 구하지 않으며 서로 노엽게 하거나 투기하지 않는다.

누구에게나 맛있는 삶을 살게 된다.

> "내가 생각하건대 하나님이 사도인 우리를 죽이기로 작정된 자 같이 끄트머리에 두셨으매 우리는 세계 곧 천사와 사람의 구경거리가 되었노라."(고전 4:9)

하나님을 믿고 기도하면서 신앙의 양심으로 살면 늘 불이익을 당하며 고단하고 가난한 삶을 살 때가 많다. 또 구경거리가 되고 조롱거리가 될 수 있다. 그러나 가난 때문에 먹을 것이 없어도 일용할 양식을 주시는 하나님을 믿으며 걱정하지 말라. 이웃에게 구경거리가 되고 조롱거리가 되어도 선한 일을 하고 입을 조심하고 악을 멀리하며 하나님 품에 안기라. 그리고 기도하라. 이것이 하나님의 뜻이고 예수님의 길을 따라가는 것이다.

세상에서는 기도하지 않는 사람이 성공적인 삶을 살고 기도하는 사람이 고단한 삶을 살 수 있다. 그러나 하나님께 기도하지 않고 주를 떠난 사람은 주께서 멸하시고 기도하면서 하나님을 가까이하면 복이라고 성경은 말하고 있다.
"너희는 성령을 따라 행하라."

> "악인은 죽을 때도 고통이 없고 그 힘이 건강하며 고난도 없고 재앙도 없고 항상 편안하고 재물은 더하도다. 내가 내 마음을 깨끗하게 하며 내 손을 씻어 무죄하다 한 것이 실로 헛되도다. 의인은 종일 재앙을 당하며 아침마다 징벌을 받았도다."(시 73:3~17)

악인에게는 번성하고 의인은 고난을 당하는 현실, 무의한 의로운 삶, 하나님은 악인에게 선하신 하나님일까. 의구심이 생기고 설명할 수 없는 악인의 성공 이야기. 내 시각에서 보면 나를 괴롭히고 유혹하는 악인의 삶. 그러나 "하나님의 성소에 들어갈 때에야 그들의 종말을 내가 깨달았나이다."라고 시편기자가 말씀하듯이 하나님 나라를 맛보면 그리스도인은 알 수 있다.

우리는 그동안 하나님을 보지 않고 기도하지 않는 세상 사람들의 성공만 보아 온 것이다. 기도하는 사람들은 하나님 같은 마음과 눈으로 세상을 바라보자. 그러면 하나님의 말씀을 무시하는 삶, 기도하지 않는 삶은 바람에 나는 겨와 같이 열매가 없는 삶으로 보일 것이다.

오늘날 우리는 돈과 권력을 숭배하는 세상 한복판에서 살고 있지만 그리스도인으로서 세상과 벗하지 말고 깨끗하게 살아야 한다.

하나님 앞에 낮추면 하나님께서 더 높여 주리라 약속하셨다. 우리는 욕심을 버리고 겸손한 마음으로 참고 인내하고 기도하면 하나님이 욥의 인내를 보고 긍휼히 여기심 같이 하리라 생각한다.

그리스도인이 깨끗하게 사는 것은 삶의 일상에서 깨끗하게 사는 것이 아니라 하나님의 뜻과 사랑을 알고 준행하며 살면 삶의 일상은 자연히 깨끗해지는 것이다.

즉 내가 어떻게 사는 것이 아니라 내가 하나님을 아는 것이 깨끗함이다.

그리스도인은 하나님을 알면 알수록 나는 작아지고 하나님은 크게 보이며 하나님을 의지하게 된다.

내 마음은 온유하고 겸손해질 것이다. 하나님의 멍에를 메고 하나님을 따르면 내 마음은 쉼을 얻을 것이고 내 짐은 가벼워질 것이다.

> "사람들에게는 버린 바가 되었으나 하나님께는 택하심을 입은 보배로운 산돌이신 예수께 나아가 너희도 산돌 같이 신령한 집으로 세워지고 예수 그리스도로 말미암아 하나님이 기쁘게 받으실 신령한 제사를 드릴 거룩한 제사장이 될지니라."(벧전 2:4~5)

세상 사람들은 하나님을 모르기 때문에 겸손한 그리스도인의 삶을 어리석다고 여길 것이다. 그리고 그리스도인은 고난받을 것이다. 그러나 우리는 고난을 즐거이 여겨야 한다. 우리를 장차 기쁘고 즐겁게 하기 위한 하나님의 뜻이기 때문이다. 그리스도인으로서 고난을 받으면 하나님의 영이 우리 안에 있으므로 부끄러워하지 말고 도리어 하나님께 영광을 돌리는 그리스도인이 되기를 원한다.

> "너희 중에 있는 하나님의 양 무리를 치되 억지로 하지 말고 하나님의 뜻을 따라 자원함으로 하며 더러운 이득을 위하여 하지 말고 기꺼이 하며 맡은 자들에게 주장하는 자세를 하지 말고 양 무리의 본이 되라."(벧전 5:2~3)

그리스도인이 거룩하게 산다는 것은 세상 사람들과 다르게 하나님 말씀을 듣고 말씀대로 기도하고 행하며 사는 것을 의미한다. 우리의 삶을 통해 행함으로 하나님의 모습이 보일 때 구별된 삶이다. 거룩한 삶이다.

이것이 기도하는 그리스도인의 삶의 모습이다.

우리는 세상 사람들과 함께 살면서 고난을 받고 살아갈 때가 많다. 선을 행하며 고난을 받는 것이 악을 행하다가 고난을 받는 것보다 나을 것이다. 고난 속에서도 하나님께서 친히 우리를 강하게 하시며 온전케 하시며 우리의 삶의 터를 견고케 하실 것이다. 그러므로 모든 염려를 하나님께 맡기라. 이것이 기도하는 그리스도인의 삶이다.

기도하는 그리스도인의 삶은 세상에서 무명한 사람 같으나 유명한 사람이요, 가난한 사람 같으나 부유하고 모든 것을 다 가진 사람이다. 하나님의 상속자이기 때문이다.

> "내가 말할 때마다 외치며 파멸과 멸망을 선포함으로 여호와의 말씀으로 말미암아 내가 종일토록 치욕과 모욕 거리가 됨이니이다. 내가 다시는 여호와를 선포하지 아니하며 그 이름을 말하지 아니하리라 하면 나의 마음이 불붙는 것 같아서 골수에 사무치니 답답하여 견딜 수 없나이다."(렘 20:8~9)

기도는 호흡이다

기도하는 그리스도의 삶 중에 반드시 해야 할 것은 하나님의 말씀을 땅 끝까지 전하는 일이다.

예레미야 선지자가 하나님께 말씀한 것같이 하나님의 말씀을 전하다 보면 하루 종일 조롱을 당하고 친한 친구들은 실족하기를 기다려도 가난한 자의 생명을 구원할 때까지 여호와를 노래하며 찬양하리라고 한다. 우리도 끝까지 하나님을 찬양하자. 그리고 전하자. 예수 그리스도로 인하여 재미있는 삶을 살 수 있다.

# 동행

## 나를 혼자 두지 않는 하나님

항상 나와 함께 하시는 하나님을 나는 믿습니다.

> "내가 세상 끝나는 날까지 너희와 항상 함께 있으리라 하시니라."(마 28:20)

> "나를 보내신 이가 나와 함께 하시도다. 나는 항상 그가 기뻐하시는 일을 행하므로 나를 혼자 두지 아니하셨느니라."(요 8:29)

하나님께서 분부한 모든 것을 가르치고 배우고 지키면 세상 끝나는 날까지 항상 함께 있으리라고 말씀하신다.

순종할 수 있을 때까지 기도하자. 그러면 내가 하나님 안에 하나님은 내 안에 계셔서 하나님과 함께 호흡하며 연합된 삶을 살아간다. 하나님은 절대로 나를 혼자 두지 않는 하나님이다. 우리의 보증인이 되겠다고 하셨다.

"마음으로 우리를 영접하라. 너희가 우리 마음에 있어 함께 죽고 함께 살고자 함이니라."(고후 7:1~3)

사도 바울이 고린도교회 성도들에게 보낸 편지 내용인데 하나님 안에서 거룩함을 온전히 이루어 육과 영의 온갖 더러운 것을 깨끗하게 하고 마음으로 하나님을 영접하면 함께 죽고 함께 살겠다는 것이다.

우리가 깨끗한 마음으로 하나님을 영접하고 그 안에 죽으면 하나님은 우리와 하나가 되어 우리의 모든 환난 가운데서도 위로가 가득하고 기쁨이 넘치리라 믿는다.

하나님이 우리와 동행 한다는 것을 기억하고 온전히 하나님께로 향한 믿음으로 기도하면 누구도 우리를 떼어 놓지 못한다. 우리에게 큰 축복이 있다.


내가 죽는다는 것은 하나님의 뜻에 따라 내 마음을 다스린다는 의미다. 이렇게 될 때 하나님과 자유롭게 언제든지 교제하고 함께할 수 있다. 그리고 하나님과 관계를 떼어 놓으려는 사탄의 유혹을 물리치려면 훈련이 필요하다. 그것은 기도연습에 언급했듯이 말씀묵상이다.

"야곱의 집이여 이스라엘 집에 남은 모든 자여 내게 들을지어다. 배에서 태어남으로부터 내게 안겼고 태에서 남으로부터 내게 업

힌 너희여 너희가 노년에 이르기까지 내가 그리하겠고 백발이 되
기까지 내가 너희를 품을 것이라 내가 지었은즉 내가 업을 것이
요 내가 품고 구하여 내리라."(사 46:3~4)

하나님은 우리의 영원한 보호자이시며 동행하는 자이시다. 자
기 백성은 어머니 태에서부터 백발이 되어 노년이 될 때 까지
품어주시고 업어주시고 구원해주시는 언약의 하나님이다.


〈모래 위의 발자국〉

　　　　　　　　　　　　　　　　－ 메리 스티븐슨

나의 소중한 아들아

나는 너를 사랑하기 때문에

너를 결코 버리지 않았다.

네 시련과 고난의 시절에 한 사람의 발자국만 보인 것은

내가 너를 업고 갔기 때문이다.


하나님의 소중하고 사랑스러운 백성이었기 때문에 버리지 않
고 함께한 사람, 한 사람을 성경에서 뽑는다면 요셉이다.
그는 늘 하나님이 동행한 사람이다. 요셉은 야곱의 11번째 아
들이다. 요셉은 야곱이 사랑하는 두 번째 부인 라헬에게서 태
어났다. 야곱이 노년에 얻은 아들이므로 여러 아들보다 그를
깊이 사랑하여 형제들이 요셉을 미워했다. 그래서 형제들이

은 이십에 이스마엘 사람들에게 팔았다. 그 후 험난한 생활을 했지만 항상 하나님을 믿고 순종하면서 하나님의 뜻을 좇아 살았다. 늘 하나님이 동행했다.

요셉은 형제들이 이스마엘 사람들에게 팔았는데 그 장사꾼들이 바로 왕의 시위대장 보디발에게 다시 팔아서 그 집에서 총무 일을 했다. 그러던 어느 날 요셉이 사무를 보러 그 집에 들어갔더니 그 집에 사람은 하나도 없고 보디발의 아내가 요셉의 옷을 잡고 동침하자고 하였다. 이에 잡힌 옷을 그 손에 버려두고 도망 나왔는데 분한 마음으로 그녀가 거짓 고자질을 했다. '요셉이 겁간코자 하여 그가 크게 소리 질렀더니 그 옷을 내게 버려두고 도망하여 나갔다'고 거짓을 고하여 감옥에 갇힌 것이다. 그곳은 왕의 죄수를 가두는 곳이었다.

요셉은 여호와께서 항상 함께하심을 믿고 살았기 때문에 감옥에서도 은혜를 베푸시고 그의 범사를 형통케 하셔서 바로 왕과 신하들이 좋게 여기고 "하나님의 신이 감동한 사람을 우리가 어찌 얻을 수 있으리요." 하고 바로 왕이 자기의 인장 반지를 빼어 요셉에게 끼우고 세마포 옷을 입히고 금사슬을 목에 걸게 하고 애굽 온 땅에 총리가 되게 하노라 하였다.
요셉의 형제들은 애굽 땅으로 와서 요셉이 애굽의 총리가 되었다는 소식을 듣고 두려워했다. 그러나 요셉은 "당신들이 나를 이곳으로 팔았지만 근심하지 마소서 한탄하지 마소서. 우리는 알지 못하나 하나님의 계획은 따로 있을 수 있습니다. 하나님이 생명을 구원하시려고 나를 당신 앞서 이곳으로 보내셨나이다. 나를 이리로 보낸 자는 당신들이 아니요, 하나님이십니다."라고 오히려 위로했다.

요셉은 성실하고 청결한 사람이요 하나님을 신뢰하며 전적으로 하나님을 의지했다. 참 복을 많이 받았다. 늘 하나님과 함께함으로…

이렇게 말하면 혹자는 내 문제를 하나도 도와주지도 않고 해결해 주지도 않고 고난과 고통에서 벗어나게 해 주지 않으면서 하나님이 함께하는 것이 무슨 의미가 있느냐고 반문할 수 있다. 이런 때는 기도하면서 생각해 보면 문제는 내 안에 있다는 사실을 알게 될 것이다.

내가 산과 들에 있는 이름 없는 잡초가 될지라도 하나님이 함께 하면 하나님이 원하시고 기뻐하시는 일이면 늘 내 안에서 행하시고 이루시는 하나님을 만나게 될 것이다. 하나님의 선하심과 늘 함께 하심을 맛보아 알면 늘 기도한다.

# 기도하는 어머니와 아들

## 어머니의 기도는 위대하다

어머니를 귀히 여기고 어머니의 기도를 늘 기억하자.

> "주께서 하신 말씀이 반드시 이루어지리라고 믿은 그 여자에게
> 복이 있도다."(눅 1:45)

열 달 동안 뱃속에 자식을 품고 목숨을 걸고 고통을 이기며 진통 끝에 자식을 낳는 어머니가 아니면 누가 자식을 위해 기도하겠는가? 그래서 어머니라는 이름은 우리가 함부로 할 수 없는 귀한 이름이다. 어머니를 귀히 여기고 어머니의 기도를 늘 기억하자.

성경을 보면 이삭의 어머니 사라, 야곱의 어머니 리브가, 요셉의 어머니 라헬, 사무엘의 어머니 한나, 디모데의 어머니 유니게, 예수님의 어머니 마리아, 세례 요한 어머니 엘리사벳 등

등… 모두 기도하는 어머니들이다. 아들에게는 어머니의 기도가 있고 그 기도는 하나님께서 기억하신다.

> "네 아내 사라에게 아들이 있으리라 하시니 사라가 그 뒤 장막 문에서 들었더라."(창 18:10)

아브라함이 75세 때 하나님께서 아브라함에게 나타나 내가 "이 땅을 네 자손에게 주리라, 네 자손이 하늘의 별처럼 셀 수 없게 되리라." 하셨다. 그러나 아브라함과 사라는 나이가 많아 늙었고 사라는 경수가 끊어진 때였다. 인간적인 생각이 믿음보다 앞서 사라는 속으로 웃으며 하나님의 약속을 처음에는 신뢰하지 않았다. 그러나 그들은 하나님의 약속을 믿고 기도하였다. 하나님께서는 말씀하신 대로 사라를 돌보셨고 하나님 말씀대로 사라는 임신을 했고 약속한 지 25년이 지난 후 아브라함이 백 세 때 이삭이 태어났다.

> "여호와께서 그의 간구를 들으셨으므로 그의 아내 리브가가 임신을 하였더니."(창 25:21)

리브가는 하나님의 뜻과 인도하심을 따라 온전히 순종하여 이삭과 결혼을 했다. "천만인의 어머니가 될지어다." 기도했다. 이삭과 리브가 사이에서도 임신하지 못하다 20년 만에 야곱이 태어났다.

기도는 호흡이다

> "하나님이 라헬을 생각하신지라 하나님이 그 소원을 들으시고
> 그의 태를 여셨으므로."(창 30:22)

야곱은 레아와 라헬을 아내로 맞았다. 야곱은 레아보다 라헬을 더 사랑했다. 하나님께서는 레아가 사랑받지 못하는 것을 보고 임신케 하였으나 라헬은 자녀가 없었다. 그러나 하나님께서는 그의 소원을 들으시고 그의 태를 열어 임신하게 하여 아들을 낳고 그 이름을 요셉이라 했다.

요셉은 사는동안 모든 것이 하나님의 계획 아래 이루어지는 것이라고 생각하고 하나님을 경외하고 기도했다. 요셉은 아버지 야곱과는 반대되는 삶을 보여줬다.

> "평안히 가라 이스라엘의 하나님이 네가 기도하여 구한 것을 허
> 락하시기를 원하노라."(삼상 1:17)

엘가나의 두 아내 중 한나는 오랫동안 불임으로 마음이 괴로워서 임신을 하기 위하여 성전에서 하나님께 오랫동안 기도했다. 얼마나 간절히 기도했는지 제사장 엘리가 "여자야 언제까지 취하여 있겠느냐 포도주를 끊어라" 하셨다. 한나는 온 마음을 다해 기도하고 있는데 술 취한 여자로 오해할 정도였다. 한나는 하나님 앞에서 아들을 주시면 그를 나실인으로 하나님께 드리겠다고 서원하였다. 하나님께서는 그녀의 기도에 응

답하셨고 이스라엘의 선지자이자 마지막 사사인 사무엘을 낳았다.

그녀는 서원대로 사무엘을 대제사장 엘리에게 맡겨 하나님께 바쳤다. 사무엘은 기도하는 사람으로서 하나님이 중심인 사람으로서 명예와 권력을 탐하지 않는 사람으로서 하나님을 기쁘게 하는 사람이었다.

> "천사가 그에게 이르되 사가랴여 무서워하지 말라 너희 간구함이 들린지라 네 아내 엘리사벳이 네 아들을 낳아 주리니 그 아들을 요한이라 하라."(눅 1:13)

헤롯 왕 때 제사장 사가랴와 엘리사벳 사이에는 자식이 없었다. 두 사람은 하나님 앞에 의인이고 주의 모든 계명과 규례대로 흠이 없이 행하는 사람들이지만 자식이 없었다.

그들은 나이가 많았지만 주의 성전에 들어가 분향하고 기도했다. 하나님은 세례 요한을 모태에서부터 성령이 충만하게 하고 이스라엘 자손을 하나님께 돌아오게 하고 주를 위하여 세운 백성을 준비하라고 했다. 엘리사벳이 기도할 때 복중에 아이도 기쁨으로 뛰놀았다고 한다.

세례 요한에게 하나님의 말씀과 성령이 임하고 죄 사함을 받게 하는 회개의 세례를 전파하게 했다.

> "예수 그리스도의 나심은 이러하니라 그의 어머니 마리아가 요
> 셉과 약혼하고 동거하기 전에 성령으로 잉태된 것이 나타났더
> 니."(마 1:18)

처녀가 하나님의 은혜로 잉태하여 아들을 낳을 것이고 그 이름을 예수라, 하라고 천사가 말했을 때 마리아의 반응은 매우 놀랐을 것이다. 그러나 마리아는 "하나님의 모든 말씀은 능하지 못하심이 없느니라. 주의 여종이오니 말씀대로 내게 이루어지이다." 기도했다.

> "네 속에 거짓이 없는 믿음이 네 외조모 로이스와 네 어머니 유니
> 게 속에 있더니."(딤후1:5)

디모데의 어머니 유니게는 자식에게 신앙의 유산을 아름답게 물려주었다.

사도 바울의 2차 선교여행을 함께한 디모데는 에베소교회에서 목회를 하였다. 사도 바울이 디모데전·후서에서 믿음 안에서 참 아들, 사랑하는 아들 디모데라고 표현한 것을 보면 각별히 사랑했다. 디모데는 64세 때 순교했다. 기도하는 하나님의 아들이었다.

성 어거스틴은 354년 11월 북아프리카 타가스테에서 이교도인 아버지 파트리키우스와 신앙이 좋은 기독교인 어머니 모니

카 사이에서 태어났다.

어머니는 그리스도 안에서 삶을 살았고 하나님의 이름을 찬양하며 살았다. 그리고 아들을 독실한 기독인으로 키우고자 했다. 그러나 성 어거스틴은 카르타고에서 공부하면서 9년 동안 마니교에 빠져들었다. 마니교는 우주에는 영원부터 선한 신과 악한 신이 있다고 했다. 세상에 존재하는 모든 것이 하나님으로부터 나온 것이 아니고 악은 하나님과 독립된 힘에 의해 만들어 낸 것이라고 믿었다.

성 어거스틴은 청년기 시절에는 여러 가지 육신의 정욕 때문에 삶을 뽐내며 자랑하고 교만으로 가득 찼다. 사람을 속이기도 하고 남의 배를 훔쳐 따먹는 도둑질, 정식결혼으로 맺어진 사람이 아닌 정욕이 찾아낸 여자와 동거, 점성술에 빠짐 등 방탕한 생활을 하면서 살았다.

어머니 모니카는 자기 아들이 마니교에 빠져있고 방탕한 생활을 하는 것을 보고 슬픔과 분노를 금치 못했다.

아들이 있는 밀라노 교회에 출석해서 아들의 구원을 위해 하나님께 기도했다. 자식이 죽어서 통곡하는 어떤 어머니보다 더 많은 눈물을 흘리고 부르짖으며 애절하게 기도했다고 한다.

어머니는 아들이 하나님 앞에 돌아올 것이라는 꿈을 꾸며 위로받기도 했다.

기도는 호흡이다

그런 중에 성 어거스틴은 밀라노에 온 후 신플라톤주의자들을 접하게 되었고 바울서신을 읽게 되면서 하나님을 알게 된다. 기독교를 이론적으로 이해했지만 돈과 명예와 정욕에 빠져 있는 자신의 영적 문제가 해결된 것은 아니었다. 성 어거스틴은 기독교에 몸과 마음을 바치고 싶었다. 그러나 돈과 명예와 정욕을 버릴 수 없었다. 마음이 쉴 수 있는 곳도 찾았지만 어디에도 없었다. 그래서 성 어거스틴은 기도했다.

'하나님 언제까지입니까?'

어느 날 "들고 읽어라"는 어린이들의 노랫소리를 듣고 성 어거스틴은 성경을 펴서 첫눈에 들어온 성경구절 로마서 13장 13~14절을 읽었다.

> "낮에와 같이 단정히 행하고 방탕하거나 술 취하지 말며 음란하거나 호색하지 말며 다투거나 시기하지 말고 오직 주 예수 그리스도로 옷 입고 정욕을 위하여 육신의 일을 도모하지 말라."

성 어거스틴은 참회의 눈물과 함께 하나님의 진리를 깨닫고 회심 후 386년 나이 32세 때 세례를 받았다. 어머니의 기도가 이루어진 것이다.

기도하는 어머니의 자식은 실패할 수 없다.

성 어거스틴은 북아프리카교회를 돌보며 평생 기독교신앙과 교리를 수호하고 해석하기 위해 많은 책을 썼다. 성 어거스틴은 76세의 나이에 하나님의 부름을 받았다. 그의 생애와 사상을 한마디로 표현한다면 "당신은 우리를 당신을 향해서 살도록 창조하셨으므로 우리 마음이 당신 안에서 안식할 때까지는 편안하지 않습니다."이다.(성한용 옮김, 대한기독교서회 간) 성 어거스틴의 '고백록'을 통해서 그를 이해할 수 있었다.

미국 제16대 대통령 에이브러햄 링컨은 어머니 낸시 행크스의 영향력을 많이 받았다.
낸시는 링컨이 어렸을 때부터 성경을 가르쳐 믿음의 자녀로 키웠다. 에이브러햄 링컨이 9살 때 세상을 떠나면서 성경책 한 권을 남겼다. 그리고 부자나 높은 사람이 되려고 하기보다는 성경을 읽는 사람이 되라고 유언을 남기고 떠났다고 한다. 에이브러햄 링컨도 내가 대통령이 된 것은 어머니의 기도 때문이라고 했다.

〈어머니의 기도〉

                            – 에이브러햄 링컨

나는 어머니의 기도를 기억한다.
그 기도는 항상 나를 따라 다녔다.
내 평생 동안

그 기도는 나에게
꼭 매달려 떨어지지 않았다.


애정 표현이 서툴고 잘 하지 않으시지만 자식을 끔찍이 챙기
는 내 어머니, 늙어서 삶에 꿈과 희망이 없어 보여도 산 소망
이 있어서 지금도 하나님 앞에 엎드려 기도하시고 교회를 지키
시는 든든한 내 어머니. 흰머리와 깊은 주름살, 굵은 손마디와
거친 손이지만 자신보다 늘 자식을 위해 기도하시는 내 어머
니의 두 손은 가장 아름답다.


어머니의 기도는 위대한 것이다. 어머니의 기도는 자식들에게
많은 영향력을 준다. 위대한 사람들에게는 어머니의 믿음과
간절한 기도가 있었다.
어머니의 기도는 아이를 잉태하든, 믿음의 유산을 물려주든
분명한 것은 하나님 앞에 순종하고 자식은 내 것이 아니고 하
나님 것이라고 고백해야 한다.
그리고 하나님께 모든 것을 맡기는 것이다.


어머니의 기도는 하나님의 마음이고 어머니의 마음은 하나님
의 사랑이다.

# 세상 것을 내려놓는 도전과 용기

세상의 흐름을 따라 사는 것이 아니라 거꾸로 사는
것에 도전하라

세상살이에서 성공하려면 도전과 용기가 필요하지만 하나님
을 믿는 사람에게는 도전하는 용기보다는 버림과 포기하는
용기가 더 필요하다.
오늘날은 IT(정보기술)의 발달로 인공지능이 기계를 사람처럼
움직이도록 만드는 시대이다.

모든 기술이 과학의 발달과 더불어 첨단 산업으로 치닫고 있
는데 기독교는 여전히 초자연적인 것들을 믿고 순종하며 하
나님을 바라봐야 하기 때문에 더욱더 세상 풍습을 포기하는
도전과 용기가 필요하다.

하나님만 바라보고 순종하면 세상에서 가진 것을 내려놓을 수 있다. 세상에서 성공하는 것보다 버림과 실패를 통해서 하나님을 만나는 기쁨을 맛볼 수 있다. 이것만큼은 포기하지 말고 하나님의 뜻을 구하자. 내가 버리고 잃어버린 것 속에서 쉼이 있고 행복이 있고 즐거움이 있음을 경험하자.

> "생명으로 인도하는 문은 좁고 길이 협착하여 찾는 자가 적음이라."(마 7:14)

> "그는 흥하여야 하겠고 나는 쇠하여야 하리라 하니라." (요 3:30)

> "누구든지 세상과 벗이 되고자 하는 자는 스스로 하나님과 원수가 되는 것이니라."(약 4:4)

부와 명예와 권력을 가지는 것을 성공의 척도라고 하는 세상에서 부와 명예와 권력을 포기하는 것은 쉬운 일이 아니다. 권력과 명예는 싫다고 해도 돈을 싫어하는 사람은 없다. 돈은 누구나 좋아하고 부자로 살고 싶다. 돈이 있으면 모든 것이 해결될 수 있다고 믿는 세상이다.

> "낙타가 바늘귀로 들어가는 것이 부자가 하나님의 나라에 들어가는 것보다 쉬우니라 하시니"(마 19:24)

> "예수께서 제자들에게 이르시되 아무든지 나를 따라 오려거

든 자기를 부인하고 자기 십자가를 지고 나를 좇을 것이니라."
(마 16:24)

"너희가 하나님과 재물을 겸하여 섬기지 못하느니라." (마 6:24)

예수님께서 부자 청년에게 "네 소유를 팔아 가난한 사람들에게 주라. 그리하면 하늘에서 보화가 네게 있으리라. 그리고 와서 나를 좇으라" 하시니 부자 청년은 재물이 많아서 근심하였다.

"삭개오라 이름 하는 자가 있으니 세리장이요 또한 부자라."(눅 19:2)

"삭개오가 서서 주께 여짜오되 주여 보시옵소서 내 소유 절반을 가난한 자들에게 주겠사오며 만일 누구의 것을 속여 빼앗은 일이 있으면 네 갑절이나 갚겠나이다."(눅 19:8)

삭개오는 부자 청년과 다르다. 삭개오도 부자였다. 그러나 삭개오는 직업이 세리장이라서 사람들은 그를 버린 자, 죄인으로 취급했다. 그리고 그를 정죄하고 배척했다. 삭개오는 예수님께서 여리고에 왔을 때 사람들 곁에 있을 자리가 없자 나무 위에 올라가서 예수님을 보기 원했다.
예수님을 만난 삭개오는 회개하고 "내 소유 절반을 가난한 자들에게 주겠사오며 만일 누구의 것을 속여 빼앗은 일이 있으면 네 갑절이나 갚겠나이다." 하면서 욕심을 버리고 이웃을 사랑하는 하나님의 백성으로 거듭났다.

낙타가 바늘귀로 들어가는 것이 부자가 하나님의 나라에 들어가는 것보다 쉬울 것이지만 부자도 세상 것을 내려놓고 하나님의 은혜를 입으면 하나님의 백성이 될 수 있음을 삭개오를 통해서 알 수 있다.

예수님은 생명으로 인도하는 문은 좁고 길이 협착하여 찾는 자가 적다고 말씀하신다. 누구든지 세상과 벗이 되고자 하는 자는 스스로 하나님과 원수가 된다고 말씀하신다.

그러나 우리는 무엇을 먹을까 무엇을 마실까 염려하여 행함이 없고 세상 것을 포기하지 못한다. 물질을 포기하는 것을 도전도 해보지 않고 물질을 포기하면 곧 죽기라도 하는 것처럼 두려움과 불안에 몸서리친다.

부와 명예와 권력 등 세상에서의 우상을 포기하라. 포기하면 삶의 여백이 생겨서 세상이 보이고 내 마음이 보인다. 안식을 누린다. 물질을 포기하면 물질에 매이지 않고 오히려 물질을 다스리며 자유함을 누리는 지혜를 경험하게 된다. 쉼이 있다.

> "공중의 새를 보라 심지도 않고 거두지도 않고 창고에 모아들이지도 아니하되 너희 하늘 아버지께서 기르시나니." (마 6:26)

"의인의 적은 소유가 악인의 풍부함보다 낫도다."(시 37:16)

"의인의 집에는 많은 보물이 있어도 악인 소득은 고통이 되느니라"(잠 15:6)

"많은 재물보다 명예를 택할 것이요 은이나 금보다 은총을 택할 것이라"(잠 22:1)

하나님께서는 오늘만 살고 내일은 아궁이에 던져질 들풀도 살피시고 공중에 사는 새들도 먹을 것을 주는데 하물며 사람을 굶게 하실까.

우리 속담에도 천석꾼은 천 가지 걱정, 만석꾼은 만 가지 걱정이 있다고 했다. 혹자는 재물이 많이 있으면서 걱정 한번 해봤으면 좋겠다고 할 수 있다.

"내가 궁핍하므로 말하는 것이 아니라 어떠한 형편에든지 나는 자족하기를 배웠노니. 나는 비천에 처할 줄도 알고 풍부에 처할 줄도 알아 모든 일 곧 배부름과 배고픔과 풍부와 궁핍에도 처할 줄 아는 일체의 비결을 배웠노라."(빌 4:11~12)

내가 어떤 형편에든지 자족하는 비결을 배워서 재물에 매이지 말고 하나님이 주신 은혜에 족한 줄 알고 살아가자.

"돈을 사랑하지 말고 있는 바를 족한 줄 알라."(히 13:5)

우리는 물질에 대한 욕심과 집착을 버리고 분수 이상 자랑하지 않고 오직 하나님께서 우리에게 나누어주신 그 범위 안에서 내게 주신 것이 하나님의 큰 보물이라고 생각하고 돈을 사랑하지 말고 족한 줄 알자. 돈은 꼭 필요한 것이지만 신(神)의 능력을 가지고 있다. 조심하라.

성경에 보면 욕심을 포기하지 못하고 세상 풍습을 따라 살았던 인물들이 많이 등장한다.
자신이 하나님과 같은 사람이 되기 위해 아니면 하나님을 부인함으로 패가망신한 사람들이 수없이 많다. 아담과 하와, 가룟 유다가 그런 사람들이다.

아담과 하와는 하나님 같이 되고 싶은 욕심을 포기하지 못했고 결국 사탄의 유혹에 넘어졌다.
그들은 하나님께서 각종 나무의 열매는 알아서 먹되 선악을 알게 하는 나무의 열매를 먹지 말라고 하였는데 하와가 볼 때 먹음직도 하고 보기도 좋고 탐스럽기도 하여 그 열매를 따먹고 아담도 함께 먹었다.
그 결과 아담과 하와는 하나님의 말씀에 불순종함으로 죄를 지었다. 그들의 죄로 인해 여자는 임신하는 고통을 겪게 되었고 남자는 땀을 흘리는 수고가 있어야 먹을 것을 먹고 살 수 있게 되었다.

> "예수께서 그들이 와서 자기를 억지로 붙들어 임금으로 삼으려
> 는 줄 아시고 다시 혼자 산으로 떠나 가시니라"(요 6:15)

가룟 유다는 예수님을 배반한 사람이다. 그는 예수님께서 기
적을 베풀고 능력을 보여줘도 감동이 없었다.

그리고 그는 예수님이 이 땅에 오셔서 온 세상을 다스리는 세
상의 왕이 되길 바랐다. 그러면 예수님의 제자인 자신이 한자
리 꿰차고 권세를 부리며 부귀영화를 누리며 살 것이었다. 그
러나 예수님은 "나를 따라 오려거든 자기를 부인하고 자기 십
자가를 지고 나를 좇을 것이니라." 하시니 본인의 기대에 어긋
나자 실망하여 예수님을 배반했다.

예수님께서 제자들 중의 한 사람이 나를 팔리라 할 때 가룟 유
다는"나는 아니지요"라고 대답했다. 가룟 유다는 겉과 속이
다른 사람이었다. 결국 대제사장들에게서 은 삼십을 받고 예
수님을 넘겨주고, 내가 무죄한 피를 팔았다고 후회하면서 스
스로 목매어 죽었다.

이와 반대로 하나님 말씀에 순종하고 자기 욕심을 포기한 용
기 있는 사람들도 있다. 아브라함과 세례 요한이 그런 사람들
이다.

> "여호와께서 이르시되 네 아들 네 사랑하는 독자 이삭을 데리고
> 모리아 땅으로 가서 내가 네게 일러준 한 산 거기서 그를 번제로
> 드리라."(창 22:2)

아브라함은 백 세에 이삭을 낳았다.

그런 귀한 아들을 하나님이 번제로 드리라 하니 청천벽력 같은 일이다. 그러나 그는 모든 것을 포기하고 하나님 앞에 순종했다. 제단에 나무를 쌓고 그 위에 아들 이삭을 결박하고 칼을 들어 아들을 잡으려 할 때 여호와의 사자가 나타나 그를 멈춰 세웠다. 그리고 이르되 "네가 하나님을 경외하는 줄을 아노라. 내가 네게 큰 복을 주고 네 씨가 크게 번성하여 하늘의 별과 같고 바닷가의 모래와 같게 번성하리라." 하였다.

> "내가 진실로 너희에게 말하노니 여자가 낳은 자 중에 세례 요한
> 보다 큰 이가 일어남이 없도다. 자가 없느니라"(마 11:11)

세례 요한은 예수님이 말씀하신 대로 구약시대 최고의 예언자로서 여자가 낳은 자 중에 가장 큰 자라고 칭송받았다.

유대 왕 헤롯 때에 제사장이었던 사가랴와 엘리사벳은 하나님 앞에서 의인이요. 흠이 없이 행하는 자들이다. 이들 사이에서 세례 요한이 태어났다. 세례 요한은 예수님께 세례를 줄 정도로 큰 사람이었지만 자기 역할에 충실하다가 자신은 그리스도가 아니며 예수님은 흥하고 자신은 쇠하여야 한다고 했다.

"우리의 낮은 몸을 자기 영광의 몸의 형체와 같이 변하게 하시리라."(빌 3:21)

세례 요한은 큰 사람이었지만 "내 뒤에 오시는 예수님은 나보다 능력이 많으시고 나는 그의 신발 끈을 푸는 것도 감당하지 못하겠다."라고 말할 정도로 자신을 낮췄고 겸손했다. 하나님 안에서 하나님의 영광과 하나님의 기쁨이 되어 바로 서서 청빈한 나실인으로 살았다. 우리는 가룟 유다와 같이 예수님의 많은 기적을 보고도 감동이 없고 도전하지 않는다. 그것은 유익이 없다고 생각하기 때문이다.

포기는 모든 것을 내려놓고 버리라는 의미가 아니다. 열심히 살아야 한다. 다만 내가 가지고 있는 모든 것을 움켜쥐고 있는 것이 아니라 나눠 쓰고 나를 낮춰서 섬기고 배려함으로써 하나님의 뜻을 이뤄가라는 것이다. 이것이 사랑이다. 이것이 하나님의 뜻이다.

내가 가진 것들을 포기하고 내려놓는 것을 두려워하지 말고 하나님의 뜻을 이루는 데 모험하고 도전해 보라.
성공만을 바라보면 도전할 수도 없고 실행할 수 없다. 무모한 모험과 도전일 수 있다. 실패하면 어떻게 될까 절망적이고 두려운 생각이 들어도 조금씩 도전해 보라. 도전을 통해 실패할 수 있다. 그러나 실패하는 경험을 통해서 하나님의 뜻을 알 수 있다. 그렇게 하면서 자신감이 생기면 더 큰 모험과 도전을 하라. 경험하지 못한 사람은 그것을 모른다. 새로운 도전으로 그것이 일상의 삶이 되면 물질이 없어도 미래가 불안하지 않다. 경험을 통하여 믿음이 자라면 아브라함같이 모든 것을 포기할 수 있고 세례 요한같이 자신 자신을 완전히 내려놓을 수 있다. 하나님의 뜻을 이루어 가는 데는 때때로 모험과 도전하는 용기와 포기할 줄 아는 용기가 필요하다.

> "들으라 부한 자들아 너희에게 임할 고생으로 말미암아 울고 통곡하라. 너희 재물은 썩었고 너희 금과 은은 녹슬었으니"(약 5:1~2)

산을 옮길 만한 믿음이 있고 내 몸을 불살라 내줄 수 있는 마음을 가지고 있다 할지라도 내 것을 내려놓는 것에 도전하지 않으면 웅덩이에 고인 물처럼 썩어서 아무 쓸모가 없다. 재물을 오래 창고에 쌓아두면 썩고 금과 은은 녹슬어 쓸 수가 없다고 말한다.

재물이 많음의 기준은 없다. 아흔아홉 석 가진 자가 백 석을 채우기 위해 남이 가진 한 섬을 노린다는 옛날 속담이 있듯이 많이 있으면 더 많이 갖고 싶은 것이다. 사람의 탐심은 끝이 없다.

부자 청년같이 근심하지 말자. 내가 쓰고 남은 것을 나누려고 생각하지 말자.

하나님의 뜻과 같이 사랑으로 함께 쓰고 나누는 일에 도전하자. 어렵고 가난한 사람들이 없는지 살펴보고 그들에게 어려움이 없도록 사랑을 나누는 것은 희생하는 것이 아니다. 더 좋은 것을 얻는 하나님의 지혜다.

버림과 나눔을 마음껏 하라. 마음껏 재물을 포기하라. 참된 부요함을 찾고 느낄 것이다. 그리고 사랑을 나누라. 사랑을 받는 사람보다 주는 사람이 더 행복하다.

우리는 죽을 때 무엇을 가지고 갈 것 같은가. 잘해서 삼베모시 적삼 한 벌 입고 갈 수 있을까. 아무것도 가지고 갈 수 없는데 악착같이 내 것을 가지려고 바벨탑을 쌓고 있다. 죽으면 아무짝에 쓸모없는 재산을 쌓는 헛된 것들에 몰두하지 말고 사랑으로 함께 나누자.

이웃 사랑의 실천으로 하나님의 뜻을 이루는 데 도전하자.

나의 명철로 살면 하나님을 의지할 수 없다. 순종할 수도 없다. 내가 주인 삼은 모든 것 내려놓을 용기도 없다.

하나님의 말씀대로 기도하자. 내가 사랑하는 것들을 하나님께서 원하시지 않으시면 모두 내려놓고 하나님께서 원하시는 것만 사랑하자. 세상의 모든 염려와 유혹을 이기고 내 모든 것 내려놓고 하나님의 사랑을 맛보며 그 사랑을 이루기 위해 도전하자.

그리하면 하나님 안에서 쉼이 있다.

# 내 삶을 찬양으로 기도하라

마음과 뜻을 다하여 주님을 찬양하고 내 삶을 찬양
하라

"주의 인자하심이 생명보다 나으므로 내 입술이 주를 찬양할
것이라."

기도할 수 있는 힘이 없을 때 혼자서 찬송가를 중얼거리는 것
만으로도 하나님으로부터 세상 살아가는 힘과 지혜를 공급받
는다.

"여호와의 이름을 찬양할지어다."(시 148:13)

"호흡이 있는 자마다 여호와를 찬양할지어다. 할렐루야"(시 150:6)

"너희 모든 나라들아 여호와를 찬양하며 너희 모든 백성들아 그를 찬송할지어다."(시 117:1)

찬양은 울림의 소리로서 감성적으로 듣고 느끼는 것이다. 특히 찬송가는 하나님의 말씀과 믿음과 삶에 대하여 노랫말과 음을 붙여서 표현한 하나님의 음성이다. 그래서 여호와의 이름을 찬양하면 감사가 나오고 위로를 받는다.

내 마음과 뜻을 다하여 여호와를 찬양하면 내 삶을 찬양하게 된다. 그래서 음치라도 찬양은 배워볼 필요가 있다. 하나님은 노래를 잘 부르는 실력을 보는 것이 아니라 노래로 하나님을 찬양하는 모습을 본다. 찬양을 부르는 노래실력에 감동하는 것보다 찬양하는 사람의 마음을 보고 감동하신다. 손뼉을 치고 춤을 추며 율동을 하면 찬양이 내 감성을 움직이게 해서 하나님의 음성을 듣고 사귐이 친밀해지고 즐거워진다.


하나님을 찬양하는 기도를 통해 하나님을 만나고 위로를 많이 받았던 때를 소개한다. 찬양함으로 하나님을 만나는 기쁨과 하나님의 위로 때문에 눈물을 많이 흘렸다.

나는 1985년 11월 당시 철도청에 입사하여 1988년 7월 이후 노동운동을 시작했다. 그러던 1994년 8월 철도파업에 참가한 이유로 경상북도 경산시 화양읍 청천리에서 철길을 보수하는 일을 하게 되었다. 내가 할 수 있는 일은 아무것도 없었고 막

노동일이 나에게는 죽을 것 같은 힘든 일이었고 고통이었다. 선로보선원 생활은 그 자체가 힘든 일이었지만 더 힘들었던 것은 대구지방의 날씨였다.

대구·경북지방은 여름은 무덥고 겨울은 추운 지방으로 알려져 있지만, 1994년 여름은 기상관측 이후 가장 무덥고 가뭄이 심한 때라고 했다. 먹는 물도 구하기 힘든 때였다.

그해 8~9월 무더운 여름날, 선로 위는 그늘 한 점이 없어서 얼굴은 새까맣게 탔고 손은 거칠어지고 상처가 자주 나곤 했다. 그해 추운 겨울은 귀에 동상이 걸려서 살이 썩어 들어가는 것 같은 고통을 겪어서 죽을 고생을 했다. 이러한 와중에도 나는 귀마개를 할 수 없었다. 선로보수작업을 할 때에는 열차가 오는 소리를 들어야 하기 때문이다. 대구·경북지방의 매서운 찬바람과 추운 날씨는 견디기 힘들었다. 특히 철로 주변은 열차 운행의 안전을 위해 지장물이 없어 찬바람을 피할 곳이 전혀 없어서 더더욱 추운 겨울을 보내야 했다.

동료들은 일과 시간이 끝나면 퇴근을 해도 나는 선로반에 있는 조그마한 방에서 혼자 기거하며 지내야 했다. 내가 일과 후에 하는 일은 곡괭이일 등으로 딱딱하게 굳고 아픈 손을 따뜻한 물로 찜질하며 손 근육을 풀어 주는 일, 겨울에는 동상 때문에 가려워 견딜 수 없는 귀에 약을 바르거나 문질러서 잠시

기도는 호흡이다

나마 가려움을 없애는 일뿐이었다.

고된 일과 중에 하나님과 함께 마무리하는 저녁시간이면 오
늘도 위험한 작업현장에서 무사함을 하나님 앞에 감사드리고
찬양 기도를 했다.
오늘의 고통스러운 땀방울과 고단한 삶이 있으니까 하나님을
의지하고 하나님을 찬양함으로 기쁨과 눈물이 큰 위로가 되
고 나의 육신은 고통 속에 있지만 나의 영혼은 고통 속에서 벗
어나 자유와 기쁨을 누렸다. 흘리는 눈물이 원망과 한이 서린
눈물이 아니라 감사로 변하는 눈물이었다.

내 의가 강해서 내 마음대로 살다가 겪는 고통 때문에 밤마다
매일 〈내 영혼이 은총 입어〉와 〈지금까지 지내 온 것〉 찬송가
를 부르며 울고 또 울었다. 서울에 있는 아내와 아들이 보고
싶으면 찬양하면서 눈물을 더 많이 흘렸다.
슬픔이 많고 고단하고 외로워도 '하나님이 동행하니 이곳도
천국이구나.'를 큰 소리로 외쳤고 고통을 찬양을 통해서 하나
님의 사랑과 위로를 받음으로 견딜 수 있었다.

"내 영혼이 은총 입어 중한 짐 벗고 보니 슬픔 많은 이 세상도 천
국으로 화하도다. 할렐루야 찬양하세 내 모든 죄 사함 받고 주

예수와 동행하니 그 어디나 하늘나라.”(내 영혼이 은총 입어)

"지금까지 지내 온 것 주의 크신 은혜라 한이 없는 주의 사랑 어
찌 이루 말하랴. 자나 깨나 주의 손이 항상 살펴주시고 모든 일은
주 안에서 형통하게 하시네.”(지금까지 지내 온 것)


하나님을 찬양함으로 내 안에 하나님이 생명의 씨를 뿌려서
그 씨가 자라므로 나는 슬픔과 고통 속에서도 늘 하나님을 찬
양했다. 하나님은 위로와 함께 내 눈물을 닦아주시고 마르게
하셨다. 찬양기도가 내 마음을 치료하고 위로하는 약이 될 때
가 많았다. 우리의 삶 자체가 많은 고난이 뒤따른다. 고난과
고통, 핍박과 수치를 당해도 우리는 하나님 나라를 소망하므
로 하나님을 찬양함으로써 능히 이길 수 있고 기쁨과 위로를
받으며 견딜 수 있다.


하나님을 찬양한다.
찬송가 〈예수 나를 위하여〉 가사를 보면

"예수 나를 위하여 십자가를 질 때 세상 죄를 지시고 고초당하셨
네, 아름답다 예수여 나의 좋은 친구 예수공로 아니면 영원 형벌
받네"

찬양이 아니면 예수가 십자가에 못 박혀 죽는 모습을 보고 아

름답다는 노랫말을 붙이기가 어려울 것이다.

미술, 연극, 영화, 음악 등등 예술의 장르가 여러 가지가 있지만 믿음의 아름다움을 밖으로 표현할 수 있고 마음을 움직이는 것은 찬양이 가장 효과적이라고 생각한다. 음계와 노랫말로 아름다움을 표현하여 우리의 감성을 자극하기 때문이다.

> "나의 사랑하는 자는 노루와도 같고 어린 사슴과도 같아서 우리 벽 뒤에 서서 창으로 들여다보며 창살 틈으로 엿보는구나. 나의 사랑하는 자가 내게 말하여 이르기를 나의 사랑 나의 어여쁜 자야 일어나서 함께 가자."(아 2:9~10)

> "내 사랑아 너는 어여쁘고 어여쁘다 네 눈이 비둘기 같구나. 나의 사랑하는 자야 너는 어여쁘고 화창하다 우리의 침상은 푸르고."(아 1:15~16)

위의 아가서 말씀에 음을 붙여 찬양을 한다면 하나님의 음성이 더욱 더 아름다움으로 들릴 것이다. 우리의 마음은 더 큰 울림으로 가슴속 깊이 새겨질 것이다.

찬양은 하나님의 마음을 음악적으로 표현함으로 마음의 즐거움과 평안, 위로를 줌으로써 마음을 순화시켜 준다.

그러므로 우리에게는 찬양 기도가 필요하다.

여호와의 이름을 찬양할지어다. 호산나 찬송하리로다.

# 기도하는 아내

## 기도는 실패하지 않는다

아내라는 이름은 어머니라는 이름과 함께 가장 소중한 이름이다. 그 이름 아내는 언제나 제일 먼저 기도로 하루를 시작한다. 기도를 삶의 중심에 두고 산다. 아내의 삶은 늘 하나님과 함께 숨 쉬며 살고 있다는 것을 느낀다.

모든 일에 하나님이 최우선이기 때문이다. 아내는 하나님과 늘 연애하는 삶을 살고 있다. 아내의 하나님 사랑은 지나칠 정도다. 나는 그 모습을 보면서 때로는 시샘을 할 때도 있다.

> "그가 백세가 되어 자기 몸의 죽은 것 같음과 사라의 태가 죽은 것 같음을 알고도 믿음이 약하지 아니하고 믿음이 없어 하나님의 약속을 의심하지 않고 믿음으로 견고하여져서 하나님께 영광을 돌리며 약속하신 그것을 또한 능히 이루실 줄 확신하였으니 그러므로 이것이 그에게 의로 여겨졌느니라."(롬 4:19~22)

아내는 삶을 통해 하나님이 살아계심을 보여주었다.

아내는 교회 생활에 헌신적이었고 지금도 변함이 없다. 아내이자 엄마로서 가정 역시 소홀히 하지 않았다.

내 아내는 하나님 마음에 합한 사람으로서 하나님께서 지으신 목적을 저버리지 않고 하나님의 형상과 향기를 내며 사는 아내이자 하나님의 딸이다. 세상 풍습을 따라 살지 않고 늘 하나님 안에서 하나님의 뜻을 따라 사는 아내이다.


이런 아내는 하나님을 믿지 않던 나와 결혼생활을 하면서 눈물을 많이 흘렸다. 믿지 않는 자와 멍에를 같이하지 말라는 하나님의 말씀이 늘 생각났다고 한다. 종교 갈등으로 소통이 잘 이루어지지 않아서 고생을 많이 했다. 아내는 끊임없이 새벽예배를 드리러 다녔다.

그러던 중 어느 날, 새벽에 기도를 하는데 하염없이 눈물이 났다고 한다. 남편을 진심으로 사랑하지 못했고 이해하지 못했고 배우자로서 힘써 돕지 못했다고 하나님이 오히려 아내를 책망하셨다고 했다. 나의 십자가를 지고 예수님을 따르라고 하면서 나무 십자가를 보여 주셨다고 했다. 얼마나 회개하며 울었는지 모른다고 했다. 3시간 이상을 눈물로 회개하고 기쁨의 기도를 했던 것 같다고 고백했다. 그때부터 나를 더욱 진심으로 사랑하게 되었다고 한다. 나를 참으로 불쌍히 여기며 기도하기 시작했다.

"남편이 하나님을 만나야 삽니다. 주님, 안약을 우리 남편의 눈에 발라 주세요. 하나님을 보게 하시고 하나님의 음성을 듣게 해 주세요. 성경공부를 통하여 하나님을 알아야 합니다."

> "믿지 아니하는 남편이 아내로 말미암아 거룩하게 되고 믿지 아니하는 아내가 남편으로 말미암아 거룩하게 되다니"(고전 7:14)

아내는 강산이 두 번이나 변하는 긴 세월 동안 남편이 하나님께 돌아오게 해달라고 하나님 앞에 무릎 꿇고 엎드려 눈물로 기도했지만 나는 변하지 않았다. 나는 하나님의 사랑을 몰랐고 세상 풍습을 따라 사는 것이 더 재미있고 좋았기 때문이다. 아내는 내가 반드시 하나님께로 돌아올 것이라고 믿고 기도했다. 하나님께서 아브라함과의 언약을 끝까지 지킨 것처럼 반드시 언약을 지키실 분이라고 믿으며 나를 하나님 곁으로 인도해 달라고 기도했다.

나는 하나님이 없다고 부인했었다. 아내가 세 번이나 큰 수술을 했다. 수술이 있을 때마다 나는 하나님께 교회를 위해 얼마나 헌신한 딸인데 매번 이렇게 고통을 주고 박해하냐고 반문했다. 하나님이 살아 계신다면 하나님은 선하시고 인자하시

고 능력이 있으신 분인데 이런 고난을 주느냐면서 하나님을
원망했다.

나는 하나님의 표적을 보고도 믿지 않고 사는 어리석은 사람
이었다. 지금 생각해 보면 아내의 고통은 누구의 잘못이 아니
고 내 잘못이었다.

내가 교회문제로 가슴앓이를 많이 하게 했다. 노동운동하고
정치한다고 많은 마음고생을 시켰다. 내 탓임을 깨달았다. 아
내의 헌신적인 기도와 삶이 나를 변화시켰다. 나를 위한 기도
덕분에 내 마음에 하늘 문이 열리기 시작했다.

아내의 기도가 헛된 것이 아니었다. 끝까지 믿음으로 하나님
의 약속을 의심치 않고 하나님께 순종하며 기도할 때 우리의
삶이 바뀌고 변화된다는 것을 알았다. 하나님의 의가 이루어
짐을 나를 통해서 알았다. 기도는 하나님의 능력임을 보여주
었다. 아내의 기도는 실패하지 않았다.

"고난당하는 것이 내게 유익이라 이로 말미암아 내게 주의 율례
들을 배우게 되었나이다."(시 119:71)

"사람이 마음으로 자기 길을 계획할지라도 그 걸음을 인도하는
자는 여호와시니라."(잠 16:9)

나는 2003년 6월 외상성 뇌출혈이라는 큰 아픔으로 죽음 앞에

서 사경을 헤매는 고통을 겪으면서 하나님께서 계획하신 것이 있음을 깨달았다. 하나님의 계획은 태초에 하나님이 천지를 창조하시기 전에 이미 계획한 것이지 우연히 일어나는 것이 아님을 알았다. 그것은 우리 부부가 만난 지 한 달 십구일 만에 결혼, 죽음의 문턱 앞에서 돌이켜 하나님을 만나게 한 것 등등 무수히 많다.

하나님은 감추어져 있는 보이지 않는 하나님의 비밀을 알게 하려고 나를 부르시고 택하셔서 고난을 주셨음을 지금은 감사함으로 받아들이고 지난날의 어리석음을 후회하고 반성한다. 나를 나보다 더 잘 알고 계시는 하나님이 우리의 사정을 알고 위로하시고 하나님의 은혜가 있을 줄 믿고 하나님 나라를 더 알아갈 것이다. 하나님의 은혜와 아내의 기도가 내 발걸음을 하나님 나라로 인도하심을 믿는다. 나는 아내를 통해서 하나님의 사랑, 아내의 사랑을 함께 느끼고 그 사랑을 먹고 사는 행복한 사람이다.
하나님의 은혜와 사랑을 함께 나누며 사는 나의 동행자, 아내 사랑해요.

# 무한경쟁시대를 사는 지혜

기도하여 내 마음속에 여백을 두는 것이 좋다
쉼이 있을 때 뭐든 잘 할 수 있다



성공의 척도를 어디에 두는가. 하나님께 모든 것이 있으므로
하나님께 온전히 맡기는 것이 옳다.

사람에게 가장 무거운 것이 무엇일까? 그것은 마음이다. 우
리 마음에는 탐심이 있어서 가장 무거운 짐이다. 탐심은 경쟁
을 부추기고 경쟁은 시기질투를 낳으며 시기질투는 내 자신을
욕되게 하고 마음을 상하게 한다. 그 마음을 내려놓고 버림의
아름다움을 알고 살 때 우리는 무한경쟁 속에서 살아날 수 있
다. 젊은 시절에는 알지 못하였으나 이후에는 알 수 있었다.

우리나라는 산업화와 도시화가 급속하게 진행되었고 사회문

화도 급속하게 변화되어 생활수준도 향상되었다. 그러나 학벌중시 풍조로 인해 치열한 입시경쟁이 벌어졌고 시험으로 인생이 결정되는 사회가 되었다.

학교는 인간성과 창의성, 개성을 살리는 교육으로 좋은 인재를 양성하는 것이 아니라 공부 잘하고 시험성적이 좋은 학생만 양성하게 되었다. 대학에서는 그런 학생을 선발하고 있다.


대학에서 발행하는 신문에서 "젊은 ○○대생의 우울"이라는 기사를 봤다. 최고가 되어야 된다는 강박증, 초조함, 부담감, 스트레스, 부모의 기대치에 기인한 완벽주의, 학창시절 공부는 성공에 익숙해서 늘 1등을 해야 하는데 실패에 대한 두려움, 대학입학 전까지 입시에만 초점을 맞춰 소홀해진 대인관계, 공부에만 열중하다 보니 전부 소모되어 버린 신체적, 정신적 에너지로 인해 젊은 청년들이 무기력에 빠져서 우울감과 우울증이라는 증상을 보인다고 소개했다.

오늘날의 교육은 사람이 어떻게 행복하게 살 것인가를 가르치는 것이 아니라 사회경쟁 속에서 이겨 사회적 신분상승에만 혈안이 되어 있다 해도 심한 말은 아닐 듯하다.


오늘날 우리나라는 급속하게 발전한 산업화와 도시화, 복잡한 경제구조 때문에 사회가 무한경쟁 시대, 극단적 개인주의

기도는 호흡이다

로 변했다.

우리는 왜 무한경쟁시대에 순응하고 치열하게 살 수 밖에 없을까? 그건 우리가 하나님을 믿고 기도하지 않아서 하나님의 계획과 뜻을 알지 못하기 때문이다. 그래서 우리는 진정한 내 삶의 의미, 삶의 가치, 삶의 목표를 잃고 가슴 한편에 구멍이 뚫린 채로 살아간다. 그 공허함을 메우기 위해 돈과 명예를 쫓아다닌다. 높은 지위에 오르고 부와 명예를 얻고도 때로는 극단적인 선택을 하는 사람들이 많다.

"각 지체의 분량대로 역사하여 그 몸을 자라게 하며…"(엡 4:16)

우리는 경제력, 권력과 명예에 삶의 의미를 두는 것보다 내가 하나님께로부터 받은 분량과 은사가 각기 다르기 때문에 내가 제일 잘하고 좋아하는 것과 하나님이 나를 만드신 목적을 찾아서 삶의 의미를 되찾아야 한다.

내 마음속에 내가 너무 많이 가득 차 있으면 하나님의 지혜를 모르고 분별력이 없다. 험한 세월을 보내면서 산전수전을 겪다 보면 내가 나약하고 미련한 존재구나를 깨닫게 된다. 그때는 후회해도 이미 늦다. 나는 이것을 너무 늦게 깨달았다. 우리 기성세대가 이미 후회하면서 깨달은 지혜로 자녀를 양육해서 후회 없는 삶을 살도록 우리 자녀들을 양육해야 한다. 마음에 여백을 두고 살도록 기도하자. 그래야 쉼이 있고 삶의 의미를 찾을 수 있다.

> "우리에게 주신 은혜대로 받은 은사가 각각 다르니 혹 섬기는 일
> 이면 섬기는 일로 가르치는 일이면 가르치는 일로 혹 예언이면 믿
> 음의 분수대로…"(롬 12:6~8)

무한경쟁시대를 사는 그리스도인의 생활과 자녀 양육은 어떤
방법이 가장 좋을까? 그 비결은 하나님의 말씀을 보고 하나님
의 뜻과 지혜를 배우고 기도함으로써 내 생각을 먼저 내려놓
고 하나님이 시키는 대로 인도함을 잘 받는 것이다. 그리고 하
나님이 주신 은사(직분)와 재능, 분수(분량)를 전적으로 인정하
고 순종하는 것이다. 남의 옷을 입는 것이 아니라 내 옷을 입
는 것이다.

우리나라는 수도권 인구가 전체인구 50%가 넘는다고 한다.
먹고 마시고 즐기고 편하게 살 수 있는 곳이기 때문이다. 여러
곳에 흩어져 자기 분량대로 살면 편안하고 행복하다는 것을
모르기 때문이다. 사람들이 많이 모여 있는 곳에서 치열한 경
쟁, 반칙과 편법이 난무하는 곳에서 살아남지 않으면 실패하
거나 죽는다는 것이 두렵기 때문에 쉼이 없이 공부하고 일하
다 보니 저녁이 없고 휴일이 없다. 그래서 쉼이 없다. 쉼이 있
을 때 뭐든 잘 할 수 있다.

"큰 집에는 금그릇과 은그릇 뿐 아니라 나무 그릇과 질그릇도 있어 귀하게 쓰는 것도 있고 천하게 쓰는 것도 있나니 그러므로 누구든지 이런 것에 자기를 깨끗하게 하면 귀히 쓰는 그릇이 되어…"(딤후2:21~22)

우리는 내 그릇이 무슨 그릇인지 모르고 산다. 내 그릇이 금그릇인지, 은 그릇인지, 나무 그릇인지, 질그릇인지 분별하자. 가령 내가 질그릇이라도 깨끗하게 하면 귀하게 쓰임받을 수 있다. 이것을 깨달으면 자신을 다른 사람과 비교하지 않고 스스로를 살펴보면서 여유를 가지고 살 수 있다. 무엇이든지 내가 잘하는 것을 덮어버리거나 포기하지 말고 한 번뿐인 내 인생을 위해 사용하면 늘 첫째가 되어 보람과 행복이 있고 하나님께서 우리를 지으신 목적이 잘 드러나므로 더 좋을 것이다. 나 같이 늙어서 깨닫지 말고 젊어서 깨달으면 좋겠다.

기도하는 사람에게는 하나님이 주신 재능을 깨끗하게 연마해서 귀하게 쓰임받음으로써 보람을 느끼는 것이 행복이다. 이것을 통해서 스스로 만족하는 것이 최고의 행복이다. 행복한 삶을 위하여 늘 하나님 앞에 기도하자. 모든 것을 하나님께 맡기자.

"네 길을 여호와께 맡기라 그를 의지하면 그가 이루시고 네 의를 빛 같이 나타내시며 네 공의를 정오의 빛같이 하시리로다."
(시 37:5~6)

"네 짐을 여호와께 맡기라. 그가 너를 붙드시고 의인의 요동함을 영원히 허락하지 아니하시리로다."(시 55:22)

"너희 염려를 다 주께 맡기라 이는 그가 너희를 돌보심이라."
(벧전 5:7)


하나님은 수고하고 무거운 짐 진 자들아 다 내게로 와서 나의 멍에를 메고 하나님의 지혜와 방법을 배워서 일하라 그리하면 반드시 하나님은 우리의 필요를 채워주시고 헤아릴 수 없이 큰일을 행하시며 기이한 일을 셀 수 없이 행하시겠다고 약속하신다. 마음이 쉼을 얻으리라고 가르쳐 주신다.
쉼을 얻으면 나를 되돌아 볼 수 있고 몸과 마음이 회복될 수 있다.

"사람이 마음으로 자기의 길을 계획할지라도 그 걸음을 인도하시는 이는 여호와시니라."는 말씀을 기억하고 우리의 짐과 염려는 하나님께 맡기자.

"나라면 하나님을 찾겠고 내 일을 하나님께 의탁하리라."
그리하면 무한경쟁 속에서도 우리는 쉼을 얻고 하나님을 아는 마음이 우리 마음 안에 있으므로 우리가 비록 질그릇일지라도 하나님의 빛이 비치므로 보배롭고 귀하다.

작고 낮게 살자. 일과 휴식이 함께 공존한다.
이것이 무한경쟁시대에서 이기고 사는 지혜다.

# 내 어머니의 기도

## 어머니의 최고의 선물은 자식들에게 믿음의 유산을 남겨 주는 것이다

어머니는 당신의 생명보다 자식을 소중히 여기며 기도한다.

어머니라는 이름은 부르기만 해도 정겹고 좋다.

우리 어머니는 젊은 시절부터 늘 논밭에서 일하셨다.

80세가 넘어 늙어서도 혼자 고향에서 마늘 농사일 하시는 어머니. 지금은 얼굴에 주름살이 산골짜기보다 깊고 머리카락은 백발이 되어 늙어 힘은 없지만 기도하고 찬양하는 어머니를 보면 아직도 위로가 되고 큰 힘이 된다.

> "그는 종일토록 은혜를 베풀고 꾸어주니 그의 자손이 복을 받는도다."(시 37:27)

힘겨운 농사일 가운데서도 늘 하나님 앞에 엎드려 기도하시고 교회를 지키시는 어머니, 늘 자식을 위해 기도하시는 어머니. 어머니의 간절한 기도와 사랑이 있기에 우리가 하나님의 은혜와 함께 부요하게 사는지 모른다.

이제는 농사일도 내려놓고 편히 쉬면 좋겠는데 농촌에 살아 농사일을 하면서 객지에 나가 있는 자식들에게 쌀 한 톨, 마늘 한 조각이라도 보내주고 싶어서 농사일을 한다고 한다. 어머니 마음은 하나님 마음이 아닐까 싶다.

어머니는 가장 먼저 자신을 하나님께 드리고 자식들에게 주신다. 하나님의 뜻을 따라 우리에게 모든 것을 주시는 어머니다. 어머니는 늘 가난과 환난 가운데 있어도 자식들은 넘치는 기쁨과 풍성함이 있도록 기도하지만 자식들은 모르고 산다. 어머니의 기도와 하나님의 은혜로 동생들이 마음으로 하나님을 영접하면 참 좋겠다. 그래서 하나님의 사랑과 위로가 가득 차고 넘치는 가정을 꾸리고 사는 삶이 되기를 기도한다.

자기희생과 사랑을 그린 대표적인 소설이 가시고기라고 생각한다. 가시고기는 강이나 하천에서 자라는 민물고기다. 암컷 가시고기는 알을 낳고 떠난다. 수컷가시고기는 암컷가시고기를 대신해서 새끼가시고기를 돌보며 결국 자기 몸까지 내어준다. 가시고기의 수명은 산란 후 1년 정도인데 암컷과 새끼고기를 독립시킨 후 수컷은 모두 죽는다. 수컷가시고기가 사력을 다해 새끼고기를 보호하다가 죽는다.

우리 어머니들도 찌들고 힘든 세상살이에 눌려 살아도 마음 깊숙이 자리 잡고 있는 고단함과 쓰린 마음을 내색하지 않고 자식들을 위해 사시는데 우리가 보기에는 삶의 여유를 가지고 사는 것 같다.

> "이 아이를 위해 내가 기도하였더니 내가 구하여 기도한 바를 여호와께서 내게 허락하신지라."(삼상 1:27)

> "여호와께서 한나를 돌보시사 그로 하여금 임신하여 세 아들과 두 딸을 낳게 하셨고 아이 사무엘은 여호와 앞에서 자라니라."
> (삼상 2:21)

한나가 오랫동안 불임으로 자식이 없어서 하나님 앞에 간절하게 기도하니 이스라엘의 선지자 사무엘을 낳았다. 어머니가 할 수 있는 일은 많이 있지만 그 중에 자식을 위해 기도하는 것이 가장 아름답고 숭고하다.

믿음의 어머니가 하는 간절한 기도는 자식들이 하나님을 만나는 것이다. 하나님을 사랑하고, 사랑과 긍휼의 마음을 갖고 형제간에 우애 있게 살라는 것이다.

기도는 호흡이다

"고운 것도 거짓되고 아름다운 것도 헛되나 오직 여호와를 경외하는 여자는 칭찬을 받을 것이라."(잠 13:30)

"오직 위에 있는 예루살렘은 자유자니 우리 어머니라." (갈 5:26)

어머니의 기도에는 늘 희생과 사랑이 있다. 그래서 아름답다. 하나님의 마음을 움직여 어머니는 큰 상급을 받을 것이다. 이미 세상에서 종노릇 하지 않고 자유함으로 큰 축복을 받고 천수를 누리며 살고 계신다.

오직 하나님만 경외하는 어머니의 마음을 유산으로 물려받아 우리도 어머니같이 하나님 안에서 자유함을 누리고 살자. 그것이 가장 큰 믿음의 유산이다. 어머니의 믿음을 상속받기 원합니다.

# 처음 사랑

하나님과의 처음 사랑을 기억하면 행복합니다

내가 나 된 것은 전적인 하나님의 은혜와 사랑으로 된 것이니 그의 은혜와 사랑을 헛되지 않게 하나님과의 처음 사랑을 기억해야 한다.

"너를 책망할 것이 있나니 너의 처음사랑을 버렸느니라." (계 2:4)

하나님과의 처음 사랑이 어디에서 떨어졌는지 생각하고 회개하여 처음 사랑을 가지라, 만일 그러하지 아니하고 회개하지 아니하면 하나님의 뜻을 옮기겠다고 경고한다.

"너희도 그들 중에서 예수 그리스도의 것으로 부르심을 받은 자니라."(롬 1:6)

내가 기도하여 하나님의 부르심을 받아 하나님을 믿어 순종하고 살던 처음 사랑으로 돌아가 하나님의 소유물(그리스도의 것)이 되자. 나는 하나님의 종이므로 그분의 말을 잘 들으면 두려울 것이 없다. 시키는 대로 하기만 하면 되기 때문이다. 내 영혼도 늘 평안하다. 처음 사랑을 회복하자.

> "주의 말씀의 맛이 내게 어찌 그리 단지요 내 입에 꿀보다 더 다니 이다."(시 119:103)

나에게는 2007년부터 매주 수요일마다 하는 성경공부가 하나님 나라로 가는 길잡이가 되고 통로가 되어 주었다. 하나님의 말씀을 들어 깨달음으로 하나님 나라 백성으로 성장하는 것이 큰 기쁨이었다. 그것이 하나님과의 사랑이었다. 내 입에 꿀보다 더 달콤한 처음 사랑이었다.

> "깊도다 하나님의 지혜와 지식의 부요함이여 그의 판단은 측량치 못할 것이며 그의 길은 찾지 못할 것이로다."(롬 11:33)

처음 성경공부를 하니까 신기하고 재미는 있으나 이해를 하지 못하는 것들이 많아서 복습이 필요했다. 성경공부가 끝나면 성경공부 시간에 이해가 가지 않은 부분은 잊어버리기 전에 질문을 하고, 복습하기 위해 아내와 둘이 서로 토론하면서 성경공부를 했다. 그 시간이 꿀송이같이 달고 좋았다. 신혼생활보다 더 즐거웠던 것 같다. 서로 바라보는 시선이 같아지고 생각이 같아지니까 소통이 되어 서로의 사랑이 깊어지는 것을 느꼈다. '이것이 하나님 나라구나!' 생각하면서 아내와는 새로운 깊은 사랑을 하고, 하나님과는 처음 사랑을 시작했다.

> "믿음은 들음에서 나며 들음은 그리스도의 말씀으로 말미암았느니라."(롬 10:17)

> "나더러 주여 주여 하는 자마다 천국에 다 들어갈 것이 아니요 다만 하늘에 계신 아버지의 뜻대로 행하는 자라야 들어가리라."
> (마 7:21)

> "행함이 없는 믿음은 그 자체가 죽은 것이라."(약 2:17)

첫 시간의 성경공부 성경구절이 "주여 주여 하는 자마다 천국에 다 들어갈 것이 아니요 하늘에 계신 내 아버지의 뜻대로 행하는 자라야 들어가고 행함이 없는 믿음은 그 자체가 죽은 것이라."였다. 첫 성경공부 시간인데 하나님 말씀이 보이고 들렸다. 나는 "바로 이것이다." 하면서 손바닥을 쳤다.


삶의 예배를 강조했다. 교회는 예배를 드리는 것이 중요하지만 교회 공동체 안에서 교우들 간에 교제하고 각각의 사정을 살피고 하나님께서 우리에게 주신 은혜를 서로 나누며 섬기는 일, 구제하는 일, 가르치는 일 등으로 항상 기도에 힘쓰며 서로 사랑하는 곳이 교회다. 이것이 그리스도 안에서 생활이고 삶의 예배라고 말씀하셨다. 일상 속에서의 삶은 악한 삶을 사는데 교회에서 예배드리고 기도하고 봉사하는 삶을 하나님이 좋아하실까 항상 의문이었다. '한번 믿으면 영원히 구원을 받는다. 그래서 일상의 삶은 따르지 않아도 괜찮은가?' 나는 그것을 보고 갈등하고 도대체 하나님을 믿는 것이 무엇인지에 대해 항상 의문이 남아 있었는데, 그 의문이 첫 성경공부 시간에 한 방에 해결되었다.

한 번만 성경공부에 참석한다고 간 것이 하나님을 알아 간다는 것이 얼마나 기쁘고 좋은지 매일매일 그 시간이 기다려졌다. 하나님 앞에 콩깍지가 씌어 다른 것에는 안중에도 없고 하나님의 사랑에 눈이 멀어서 하나님만 좋아했다. 하나님을 만났던 첫 시간이 그리워지고 오늘도 그 시간 생각하면서 전율을 느낀다. 그리고 그 첫 시간 속에 영원히 머물러 있고 싶다. 하나님과 처음 사랑을 할 때는 내 얼굴에 화색이 돌고 모든 것이 좋아 보인다고 아내는 말했다. 예수님을 믿는 사람을 만나면 그 사람이 곰보째보라도 그 사람의 허물까지도 내 눈이 멀어 좋아보였다. 내가 보는 눈이 하나님께서 보는 눈과 같았다.

> "형제들아 내가 그리스도 예수 우리 주 안에서 가진바 너희에 대한 나의 사랑을 두고 단언하노니 나는 날마다 죽노라."(고 15:31)

자기를 부인하고 날마다 자기 십자가를 지는 사람만이 하나님을 따를 수 있고 사랑할 수 있다고 하나님은 말씀하신다. 하나님과의 처음 사랑을 기억하면 우리를 사랑하시는 하나님 으로 말미암아 우리가 모든 일에 넉넉히 이기느니라.

"나의 사랑하는 자가 내게 말하여 이르기를 나의 사랑 내 어여쁜 자야 함께 가자"(아 3:10)

긍휼이 풍성하신 하나님이 허물 많고 벌레 같은 우리를 주의 크신 사랑으로 사랑하시면서 함께 가자고 부르시고 권면하 신다.

"처음 믿음을 저버렸으므로 정죄를 받느니라."(딤전 5:12)

우리는 하나님과의 처음 사랑을 잊지 말고 기억하면서 살아야 한다. 그래야 정죄를 받지 않는다. 하나님과의 처음 사랑이 나 를 위로하고 새로운 힘을 주신다고 고백하면서 처음 사랑을 버리지 않고 하나님을 사랑할 것을 다짐한다.

기도는 호흡이다

# 기도의 용사

## 기도는 하나님의 은혜와 능력을 준다

나를 위해 기도하는 어머니와 아내 외에 또 다른 기도의 용사가 있다. 그분은 처형(妻兄)인 임재원 전도사다. 평생을 부산지역 교회에서 전도사로 사역을 했다. 임재원 전도사는 우리 부부가 있게 한 중매자이기도 하다.

부부의 연을 맺게 한 후 늘 노심초사했을 것이다. 만난 지 한 달 십구일 만에 결혼을 해서 서로를 알아가는 과정에서 다툼이 많을 것이라고 생각했을 것이고 특히 교회를 나가지 않는 나 때문에 그랬을 것이다 생각했다.

"주 안에서 같은 마음을 품어라."(빌 4:2)

"남편들아 이와 같이 지식을 따라 너희 아내와 동거하고 그를 더 연약한 그릇이요 또 생명의 은혜를 함께 이어받을 자로 알아 귀

히 여기라."(고전 3:7)

그러나 임재원 전도사는 마음을 같이 하여 부부가 서로를 불쌍히 여기며 사랑하며 겸손히 서로 섬기며 잘살 것이라고 믿었기 때문에 걱정하지 않았다고 한다. 그 이유는 하나님께 우리의 만남을 위해 기도했고 하나님께서 그 기도를 허락했기 때문이라고 했다. 그리고 하나님은 기도가 없는 사람의 요구는 허락하지 않는다고 했다. 임재원 전도사는 기도의 용사다. 기도는 생명 샘이다. 그리고 사랑이다.

기도함으로 영원한 생명의 은혜를 입고 산다고 말하면서 임재원 전도사는 날마다 기도하는 일에 힘썼다. 그리고 늘 우리와 함께 멍에를 메고 나의 동역자가 되었다.

> "내가 겐그레아 교회 일꾼으로 있는 우리 자매 뵈뵈를 너희에게
> 추천하노니 너희는 주 안에서 합당한 예절로 그를 영접하고 "
> (롬 16:1~2)

> "두아디라 시에 있는 자색 옷감 장사로서 하나님을 섬기는 루디
> 아라 하는 한 여자가 말을 듣고 있을 때 주께서 그 마음을 열어
> 바울의 말을 따르게 하신지라."(행 16:14)

처형을 생각하면 뵈뵈와 루디아가 생각난다. 뵈뵈는 고린도의 겐그레아 교회의 여집사다. 빛이 나고 영혼이 맑은 깨끗한 여

자다. 사도 바울은 뵈뵈를 여러 사람과 더불어 나의 보호자가 되었다고 묘사했다. 사도 바울이 AD 56년경 로마교회에 편지를 썼는데 뵈뵈가 로마서를 전달한 사람으로 보고 있다. 신실한 교역자다.

루디아는 소아시아 지역에서 자색옷감을 파는 여자였다. 유대교를 믿는 여자였는데 사도 바울의 전도로 기독교로 개종하여 유럽의 최초 신자가 되었고 빌립교회를 세우는데 여러 가지 모양으로 도움을 줬다.

> "여자들과 예수의 어머니 마리아와 예수의 아우들과 더불어 마음을 같이하여 오로지 기도에 힘쓰더라."(행 1:14)

> "아셀 지파 바누엘의 딸 안나라 하는 선지자가 있어 … 팔사세가 되었더라. 이 사람이 성전을 떠나지 아니하고 주야로 금식하며 기도함으로 섬기더니"(눅 2:36)

뵈뵈와 루디아는 사도 바울을 통해 복음을 알게 되고 복음을 증거하는 일에 힘썼다. 임재원 전도사도 이제는 나이가 많아 전도사 사역은 안하지만 섬기는 교회에서 권사로서 복음을 증거하는 일에 힘쓰고 있다. 그러다 보니 우리가 보기에는 가난하고 무엇인가 부족하고 필요한 것들이 많은데도 하나님이 함께 하심으로 자족하는 지혜를 이미 배워 부족함이 없다고 한다. 늘 성전을 떠나지 않고 오직 하나님만 생각하고 밤낮으로 기도하고 하나님만 섬긴다고 한다.

"경건하고 신실한 사람" 임재원 전도사는 자신을 위해 기도하는 것이 아니라 하나님을 위한 기도만 한다고 말한다. 그녀는 중매자로서 우리의 축복의 통로가 되어 우리가 하나님 안에서 지금의 모습으로 살게 했다.

특히 내가 43세 때인 2003년 6월에 머리를 다쳐 외상성 뇌출혈(뇌손상)로 119구급차에 실려 신촌세브란스병원 응급실로 옮겨졌고 사고 후 3일 뒤 의식불명, 혼수상태로 식물인간이 되어 죽음의 문턱 앞에 섰을 때 부산에서 형제들 중에 가장 먼저 한걸음에 달려와서 기도해 준 사람이다.

> "그가 믿은바 하나님은 죽은 자를 살리시며 없는 것을 있는 것으로 부르시는 이시니라. 아브라함이 바랄 수 없는 중에 바라고 믿었으니 이는 네 후손이 이같으리라 하신 말씀대로 많은 민족의 조상이 되게 하려하심이라."(롬 4:17~18)

> "무엇이든지 기도하고 구하는 것은 받은 줄로 믿으라. 그리하면 너희에게 그대로 되리라."(막 11:24)

믿음으로 의롭게 여김을 받은 사람, 임재원 전도사가 십자가 밑에 무릎을 꿇고 엎드려 아브라함처럼 바랄 수 없는 중에 바라고 믿고 기도하니 새 생명을 주셨다. 기도한 그대로 되었다. 한사람의 기도가 자신뿐만 아니라 온 가족과 형제들을 구원의 길로 인도하는 기도가 되었다. 옹고집이었던 나의 신앙형성에도 많은 영향력을 줬다.

고맙습니다. 사랑합니다.
남은 여정도 우리와 더불어 마음을 같이 하며 함께 기도하는 동역자가 되길 바랍니다. 하나님의 지혜가 충만하며 하나님의 은혜가 그녀 위에 있기를 기도합니다.

# 인내하며 기도하는 사람

## 형제들아 주께서 재림하시기까지 길이 참으라

우리는 고난의 때에 애타게 하나님을 찾지만 하나님의 응답을 기다리지 못하고 내 마음대로 살아갈 때가 많다. 하나님의 계획과 뜻을 인내를 통해서 알 수 있음을 아브라함과 사라, 욥을 통해서 배울 수 있다.

> "보라 농부가 땅에서 나는 귀한 열매를 바라고 길이 참아 이른 비 늦은 비를 기다리나니"(약 5:7)

> "보라 인내한 하는 자를 우리가 복되다 하나니 너희가 욥의 인내를 들었고 주께서 주신 결말을 보았거니와 주는 가장 자비하시고 긍휼히 여기시는 이시니라."(약 5:11)

아브라함은 하나님으로부터 자손을 주리라는 약속을 받은 후 25년 동안 인내하며 기다리니 아브라함의 나이 백 세 때 이삭이 태어났다. 그러나 어느 날 하나님께서 아브라함을 시험하려고 '사랑하는 아들 독자 이삭을 데리고 모리아 땅으로 가서 그를 번제로 드리라' 하였다. 아브라함은 청천벽력 같은 말에도 흐트러짐 없이 하나님 앞에 순종하기 위하여 아침 일찍 일어나 두 종과 이삭을 데리고 그곳으로 갔다. 이삭을 결박하여 제단 나무 위에 놓았을 때 아버지로서 창자가 끊어질 것 같은 고통과 아픔이 있었겠지만 하나님의 절대주권을 믿고 손을 내밀어 칼을 잡고 아들을 잡으려 했다.

하나님의 사자가 하늘에서 불러 '아무 일도 하지 말라. 네 아들 독자까지도 아끼지 아니하였으니 이제 네가 하나님을 경외하는 줄 알았노라.' 하시며 '큰 복을 주고 네 씨가 번성케 하며 하늘에 별과 같고 바닷가의 모래와 같이 하겠다'고 약속하시며 '나의 말을 준행하였느니라.' 말씀하셨다. 하나님의 계획과 약속을 통해 태어난 이삭은 그리스도의 조상, 믿음의 사람, 약속의 아들이라 칭하였다.


우스 땅에 욥이라는 사람이 있었는데 욥은 온전하고 정직하여 하나님을 경외하며 악에서 떠난 자라고 칭하며 하나님은 욥을 의인이라 하셨다.

하나님은 사탄에게 시험해 보라. 다만 욥의 생명만은 건들지 마라 하셨다. 사탄은 시기질투로 시험했다.

사탄이 하나님께 '그의 소유물을 치소서 그리하면 틀림없이 주를 향하여 욕하지 않겠나이까?' 하자 하나님께서 사탄에게 욥의 자식, 아들 일곱과 딸 셋, 소유물인 양 칠천 마리, 낙타 삼천 마리 등등 다 네 손에 맡기노라. 또 그의 몸에는 손을 대지 말라고 했다.

욥은 자녀와 재산을 잃어도 머리털을 밀고 땅에 엎드려 예배하며 이르되 "내가 모태에서 알몸으로 나왔사온즉 알몸이 그리로 돌아가리라. 주신 이도 여호와시요 거두신 이도 여호와시오니 여호와의 이름이 찬송을 받으실지니이다." 하고 모든 일을 범죄하지 아니하고 하나님을 향하여 원망하지 아니하였다.

사탄이 또 시험하여 욥의 발바닥에서 정수리까지 종기가 나고 질그릇 조각을 가져다가 몸을 긁고 있는 모습을 욥의 아내가 보고 자기의 온전함을 굳게 지키느냐. 하나님을 욕하고 죽으라 할 때 욥은 어리석은 여자의 말 같도다. 우리가 하나님께 복을 받았은즉 화도 받지 않겠느냐하고 모든 일에 입술로 범죄하지 않았다.

그러나 욥의 고백을 통해서 고통의 심함을 알 수 있다.

내 영혼이 살기에 곤비하여 내 불평을 토로하고 내 마음이 괴로운 대로 말하리라.

욥은 자기 생일을 저주하였다.

어찌하여 내가 태에서 죽어서 나오지 아니하였습니까.

내 어머니가 해산할 때 내가 숨지지 아니하였습니까.

내게는 "평온도, 안일도, 휴식도 없고 불안만이 있구나." 탄식하면서도 욥은 하나님이 빼앗으시면 누가 막을 수 있으며 내가 심판하실 하나님께 간구할 뿐이다. 기도하였다.

"내가 의로울지라도 머리를 들지 못하는 것은 내 속에 부끄러움이 가득하고 내 환난을 내 눈으로 보기 때문이다." 고백하였다.

이 모습이 인내하며 기도하는 사람의 진정한 삶이고 기도다.

> "욥이 여호와께 대답하여 이르시되 주께서 못하실 일이 없사오며 무슨 계획이든지 못 이루실 것이 없는 줄 아오니"(욥 42:1)

욥의 기도를 들으신 하나님은 욥의 곤경을 돌이키시고 이전 모든 소유보다 갑절이나 주셨다.

욥은 동방 사람들 중에 가장 훌륭한 사람이고 재물이 많은 사람이었지만 감당하기 힘든 가혹한 시련을 통해서 자기 자신의 죄성을 깨닫고 인내하고 참회하므로 믿음을 끝까지 지킨 노아, 다니엘은 같은 의인이다.

# 배려와 섬김은 사랑이다

## 하나님의 사랑을 마음에 새기자

기도하는 사람의 가장 큰 덕목은 사랑이다.

사랑이 있기 때문에 남을 배려하고 베풀고 돌보는 것이 가능하다.

> "마음을 같이하여 같은 사랑을 가지고 뜻을 합하여 한마음을 품어 아무 일에든지 다툼이나 허영으로 하지 말고 오직 겸손한 마음으로 각각 자기보다 남을 낫게 여기고 각각 자기 이을 돌볼뿐더러 또한 각각 다른 사람들의 일을 돌보아 나의 기쁨을 충만하게 하라. 너희 안에 이 마음을 품으라 곧 그리스도 예수의 마음이니."(빌 2:2~5)

배려란 인간관계 속에서 상대방의 삶을 딱짝 같은 마음으로 헤아리는 것이라고 생각한다.

배려는 예수님의 마음으로 온 마음을 다해 사랑하고 다른 사람의 삶을 나보다 낮게 생각하는 것이라고 한다. 즉 관계 속에서 다른 사람에게 관심을 가지고 상대방의 필요와 요구에 대해서 내가 반응하는 것이다. 서로 의존적 관계에서 상대방을 돕고 보살피는 돌봄을 말한다.

또한 단순히 돕고 보살피는 것을 넘어서 상대방이 처해 있는 현실을 공감하며 나누고 용서하고 관용을 베푸는 것을 포함한다. 예수님의 마음을 품으면 진심으로 상대방을 존중하고 배려할 수 있다. 스스로 만족할 수 있는 가치 있는 일이다. 교만하지 않고 자기 자신 스스로를 가치 있는 존재라고 인식하는 자존감은 자기 자신을 좋아하고 사랑하는 마음에서 생기는 것이고 이는 배려에서 나온다.

우리는 교회 공동체 안에서 그리고 하나님과의 관계 속에서 그리스도의 지체이다. 교회는 낮고 힘이 없고 부족한 사람들이 모여 있는 곳이다. 따라서 서로 섬기고 배려하고 사랑하는 곳이 되어야 한다.

교회 공동체 안에서, 예수 그리스도는 우리의 머리가 되시고, 우리는 그리스도의 몸이 된다. 내 눈이 내 눈을 위해서 있는 것이 아니고 내 몸을 위해 있듯이 그리스도인은 몸 된 교회를 위해 있는 것이다. 우리는 나를 위해 있는 것이 아니라 우리의 몸이신 교회와 각 지체를 위해 있는 것이다.

배려는 내가 죽어야 할 수 있다. 나 자신을 내려놓고 나의 희생과 고통이 많으므로 감내해야 한다. 고통과 희생을 통해 배려하는 것이 사랑이다. 이것이 곧 예수님의 마음이다.

우리는 서로 경쟁하는 것이 아니라 서로 배려하고 섬기며 사는 삶이 경쟁하며 사는 세상보다 행복한 삶일 것이다. 이것이 배려의 가치이다. 특히 힘없고 가난하고 소외된 사회적 약자를 배려하는 것은 우리의 마음이 아니라 의무일지 모른다.

우리는 무한경쟁 시대를 살아가고 있다. 이때 우리는 서로 경쟁하는 것이 아니라 서로 배려하며 섬기며 함께 사는 삶이어야 한다. 혼자 잘사는 세상보다 함께 사는 세상이 더욱 행복한 삶일 것이다.

돌아온 탕자 이야기에 보면 집 나간 탕자가 허랑방탕하여 재산을 탕진한 채 궁핍하여 돌아온 아들이 원망스럽고 미울 것인데도 측은히 여겨 달려가 목을 안고 입을 맞추는 아버지, 아버지는 돌아온 작은아들에게 좋은 옷을 내어다가 입히고 제일 살진 송아지를 잡아서 먹고 즐기자 한다. 큰아들에게도 동생이 죽었다가 살아났고 잃었던 동생을 얻었으니 함께 즐거워하고 기쁨을 누리자고 한다. 이것이 사랑이고 배려하며 섬기는 것이다.

나오미와 룻의 이야기에서는 작은며느리 룻이 나오미에게 어머니! 어머니를 떠나며 어머니를 따르지 말고 돌아가라 강요하지 마옵소서. 어머니가 가는 곳에 나도 가고 어머니가 머무시는 곳에 나도 머물겠다고 하였다.
"어머니의 백성이 나의 백성이 되고 어머니의 하나님이 나의 하나님 되고 어머니께서 죽으시는 곳에서 나도 죽어서 그곳에서 묻힐 것입니다. 내가 죽는 일 외에 어머니를 떠나면 하나님께서 내게 벌을 내리실 것입니다."라고 말했다.

이렇게 말하는 것은 시어머니에 대한 연민의 정보다 하나님에 대한 확고한 믿음과 배려일 것이다.
또한 나오미는 며느리를 딸처럼 진정으로 사랑했고 하나님의 사랑을 보여주었다고 생각한다. 그 결과 이방 여인 룻이 약속의 땅에서 보아스와 결혼을 하고 하나님의 백성이 되었다. 나오미와 보아스가 배려하는 마음과 섬김이 있었으므로 룻이 어머니를 사랑으로 공경하며 배려와 효를 다하였다. 그렇기 때문에 하나님은 그들에게 많은 축복을 주셨다.

성경에 나오는 다윗과 요나단이 서로 섬기며 사는 모습을 살펴보고자 한다.
다윗은 베들레헴에서 태어난 목동이지만 고대 이스라엘 제2대 왕으로서 예루살렘을 중심으로 유대교를 확립한 왕이다.
요나단은 사울왕의 아들(장남)이다.

> "요나단의 마음이 다윗의 마음과 하나가 되어 요나단이 그를 자기 생명같이 사랑하여 언약을 맺으며 요나단이 겉옷을 벗어 다윗에게 주었고 자기의 군복과 칼과 활과 띠도 그리하였더라."
> (삼상 18:1~3)

다윗과 요나단은 절망과 고난과 아픔 가운데서도 서로 섬기며 자기 생명과 같이 사랑하며 둘이 같이할 수 있는 친구이며 동역자다. 특히 요나단은 자기 생명과 같이 다윗을 사랑하여 섬기며 아버지 사울 왕에게 다윗을 변호하였다. 아버지 사울보다 다윗을 섬기는 마음은 하나님의 뜻인 줄 알았을 것이다.

> "요나단이 다윗에게 이르되 네 마음의 소원이 무엇이든지 내가 너를 위하여 그것을 이루리라."(삼상 20:4)

하나님 편에서 다윗과 함께 동역자의 길을 같이 가는 것이 아버지와의 관계에서는 천륜을 저버리는 것이라 생각하여 마음이 무너지는 것 같은 심정이었을 테지만 두 사람의 소원이 하나님의 도우심으로 하나님의 뜻이 이루어지는 것이었기에 요나단이 다윗과 함께할 수 있었다.

> "내 형 요나단이여 그대가 나를 사랑함이 기이하여 여인의 사랑보다 더하였도다."(삼하1:26)

다윗과 요나단은 혈연과 권력을 뛰어넘는 우정과 사랑을 나눈 사이다. 우리도 믿음의 친구로서 서로 섬기며 하나님의 사랑을 나눈 다윗과 요나단 같은 삶을 보여줄 수 있을까. 요나단이 죽음을 당했을 때 "내 형 요나단이여 그대가 나를 사랑함이 기이하여 여인의 사랑보다 더하였도다." 고백하는 가슴 뭉클한 아름다운 사랑과 우정을 나눌 수 있는 믿음의 친구가 있을까 생각해 본다.

다윗이 요나단을 형이라고 부른 것을 보면 나이가 어린 다윗을 친구로 사랑하고 섬긴 요나단을 보면서 하나님과 같은 마음이 요나단 마음속에 있지 않았을까 생각한다.

베들레헴에서 태어난 신분이 낮은 목동 다윗을 배려하고 섬기는 왕의 아들 요나단을 보며 과연 내가 요나단이라면 어떻게 처신했을까를 되돌아보았다. 다윗의 고백이다. "내 형 요나단이여 그대가 나를 사랑함이 기이하여 여인의 사랑보다 더하였도다." 모든 부귀영화와 왕의 자리도 포기하고 배려하는 요나단의 마음이 있었기 때문에 다윗의 고백이 있는 줄 안다.

스스로 모든 사람에게 종이 된 것은 더 많은 사람을 얻고자 하는 하나님의 마음 때문이라고 사도 바울도 말한다.

우리는 요나단과 같은 마음일 때 모든 것이 하나님 앞에 자유롭고 여인의 사랑보다 더 큰 사랑과 배려를 알게 된다.


하나님 말씀이 세상 풍습으로 보면 미련하고 어리석은 것 같지만 더 강하고 사랑하는 마음과 배려와 섬김이 하나님의 지혜라는 것을 나오미를 통해서 깨달았다. 나보다 남을 먼저 배려하고 나누고 함께 더불어 사는 것은 내 것이 풍족하고 남아서 나누는 것이 아니다. 함께 쓰고 나누는 것이 하나님께서 주신 명령이고 하나님의 마음이다.

헛된 것들에 의지하지 말고 하나님의 말씀에 순종하고 살면 하나님의 말씀을 깨닫게 되고 하나님의 지혜를 배워서 어떤 유혹에도 넘어지지 않는다. 모든 것에 풍성함이 넘치도록 채우시는 하나님! 하나님의 말씀을 깨닫고 하나님의 지혜를 배워 교회 공동체를 섬기고 배려하고 살면 하나님의 영광이 나타날 뿐만 아니라 우리에게 모든 것을 풍성하게 채우시는 하나님을 보아스와 나오미 그리고 요나단을 통해 알았다.

> "우리 각 사람이 이웃을 기쁘게 하되 선을 이루고 덕을 세우도록
> 할지니라."(롬 15:2)

이웃 간에 서로 베풀고 대접하기를 원망 없이 하라. 서로 뜨
겁게 사랑하며 선을 이루고 덕을 쌓아라. 사랑은 허다한 죄를
모두 덮느니라.

> "너는 구제할 때에 오른손이 하는 것을 왼손이 모르게 하여 네 구
> 제함을 은밀하게 하라. 은밀한 중에 보시는 너의 아버지께서 갚
> 으시리라."(마 6:3~4)

하나님께서는 그리스도인이라면 자신이 기억하지 못할 정도
로 많은 선행을 하고 남이 모르게 하거나 숨어서 베풀라고 말
씀하신다. 그러나 남이 모르게 선을 행하고 덕을 쌓는다는
것, 자신을 드러내지 않는다는 것은 쉬운 일이 아니다.
선을 행하고 덕을 쌓는다는 것은 자기를 기쁘게 하는 일이 아
니고 이웃을 기쁘게 하는 일이다. 그러나 그것을 통해서 보람
을 느끼고 보람을 통해서 내가 더 기쁘고 행복해진다는 것을
알아야 한다.

> "하나님의 성령으로 봉사하며 그리스도 예수로 자랑하고 "(빌 3:3)

> "사람의 행위가 자기 보기에는 깨끗하여도 여호와는 심령을 감
> 찰하시느니라."(잠 16:2)

2000년부터 22년간 매년 12월이 되면 전라북도 전주시 어느 주민자치센터 인근에 있는 "희망을 주는 나무" 밑에 기부상자를 두고 가는 사람, 그분을 우리는 얼굴 없는 천사라고 부른다. 우리는 그분을 닮아야 한다. 우리는 하나님의 충성된 종으로서 청지기의 삶을 살아야 한다. 하나님 아버지의 것을 내가 잠깐 심부름한 것이다. 나를 통해 하나님께서 일하시는 것이기 때문에 자랑하거나 내세울 것이 없다.

> "너희를 핍박하는 자를 축복하라 축복하고 저주하지 말라. 즐거워하는 자들로 함께 즐거워하고 우는 자들로 함께 울라. 서로 마음을 같이하며 높은 데 마음을 두지 말고 도리어 낮은 데 처하여 스스로 지혜 있는 체 말라."(롬 12:14~16)

사람들은 자랑하기를 좋아한다. 그 이유는 내가 남보다 낫다고 생각하고 자기를 스스로 높이려 하기 때문이다.
그러나 그리스도인은 이 땅에서 가장 낮은 사람으로 살며 하나님의 자녀로서 본을 보여야 한다.
욕심을 전부 내려놓고 넉넉한 마음으로 가장 낮은 사람으로서 함께 웃고 울고 같은 마음으로 함께 베풀며 살아야 한다.
이것이 섬김과 배려, 베풂의 사랑이다.

> "많은 사람이 각기 자기의 인자함을 자랑하나니 충성된 자를 누

가 만날 수 있으랴 온전하게 행하는 자가 의인이라." (잠 20:6)

우리는 어떠한 환경 속에서도 자기 자랑하지 말고 감사하고 겸손하고 순결하며 내 명예와 가치를 높이고 물질을 탐하는 것이 아니라 내 모든 삶을 겸허히 받아들이며 인격적으로 낮아져야 한다.

열두 해 혈루증을 앓은 한 여자의 병 고침, 중풍병자를 고치시는 일, 문둥병자에게 손을 내밀어 대시므로 문둥병이 떠나고 깨끗하게 되는 것 등은 예수님은 높은 자지만 가장 낮은 자로 오셔서 우리를 섬김으로써 하나님의 아들임을 증명해 주셨다. 예수님은 만물이 자신에게 복종하도록 만들 수 있는 능력을 가지고 있지만 자신의 영광을 버리고 우리와 같은 낮은 몸을 입고서 우리를 섬긴 것이다. 이것이 예수님의 모습이다. 우리도 하찮은 작은 일도 마다하지 않고 나보다 더 가난한 사람, 병든 사람을 섬길 때 더 존귀한 사람으로 여김을 받을 것이다. 그러면 하나님은 건축자들이 버린 돌을 모퉁이의 머릿돌로 사용하듯이 귀히 쓰실 것이다.

> "누구든지 내 이름으로 이 어린아이를 영접하면 곧 나를 영접함이요. 또 누구든지 나를 영접하면 곧 나를 보내신 이를 영접함이라 너희 모든 사람 중에 가장 작은 그이가 가장 큰 자니라."(눅 9:48)

"누구든지 하나님의 나라를 어린아이와 같이 받들지 않는 자는 결단코 그곳에 들어가지 못하리라."(막 10:15)

하나님은 "너희가 여기 내 형제 중에 지극히 작은 자 하나에게 한 것이 곧 내게 한 것이고 지극히 작은 자 하나에게 하지 않은 것이 곧 내게 하지 않은 것이다"라고 말씀하신다. 예수님께서 가장 낮은 자로서 가난한 과부와 고아와 어린아이를 섬기듯 우리가 소외되고 아픈 자들을 섬길 때 하나님 나라에서 가장 높임을 받을 것이다. 우리는 그 가치를 깨달아야 한다.

세상 나라는 가장 높이 올라가는 새가 가장 멀리 본다고 한다. 세상 사람들은 자기가 가지고 있는 권력과 힘을 자랑하면서 군림하려고 한다. 그리스도인이 이런 세상의 틈바구니 속에 섞여 살면서 낮은 사람으로서 삶의 희망을 낮은 곳에 두고 살 수 없다. 그러나 하나님의 마음이 우리 안에 있을 때는 가능하다. 예수님은 가장 낮은 자로서 낮추고 사는 삶이 어떤 것인지 보여 주셨기 때문이다. 가장 낮은 곳에서 가장 비천한 것에서 세상을 변화시키는 희망을 보여 주신 예수님의 삶을 본받아 살자.

"그때에 제자가 더 많아졌는데 헬라파 유대인들이 자기의 과부들이 매일 구제에 빠지므로 히브리파 사람을 원망하니 열두 사도가 모든 제자를 불러 이르되 우리가 하나님 말씀을 제쳐 놓고 접대를 일삼는 것은 마땅하지 아니하니 형제들아 너희 가운데서 성령과 지혜가 충만하여 칭찬받는 사람 일곱을 택하라. 우리가

기도는 호흡이다

이일을 그들에게 맡기고 우리는 오로지 기도하는 일과 말씀 사역에 힘쓰리라 하니"(행 6:1~4)

그리스도인이 가장 먼저 선행해야 할 것은 하나님 말씀을 배우고 가르치고 기도해야 하는 것을 유념하고 기도하는 일과 말씀사역에 힘쓰라. 그리고 남이 모르게 구제를 통하여 선을 행하고 덕을 쌓는 일에 소홀히 하지 말라.


차 꽃은 자기 자랑을 감추고 상대를 존중하는 모양으로 꽃을 피우고 자태를 뽐낸다. 꽃잎은 넓고 거꾸로 된 달걀 모양으로 뒤로 젖혀져 숨어 있다. 크기와 모양은 제각각이지만 자기를 감추고 있다. 차나무 꽃도 자기 자신을 낮추고 겸손한 모습으로 있으니 더 아름답고 좋은 꽃이 되는데 하물며 사람은 어떤 모습으로 살고 있는가?

누구든지 이 어린아이와 같이 자기를 낮추는 사람이 천국에 큰 자니라."(마 18:4)

누구든지 내 이름으로 이런 어린아이를 하나를 영접하면 곧 나를 영접함이요."(막 9:37)

사람도 어린아이와 같이 자기 자신을 낮추고 다른 사람을 섬길 수 있다. 특히 고아와 과부, 가난한 사람을 섬길 수 있다. 이것이 곧 사랑이다.

하나님의 사랑을 받은 사람들은 이웃사랑을 실천해야 한다. 특히 하나님을 믿는 사람은 우리가 힘이 없고 능력이 없어서 낮은 사람으로서 섬기며 사는 것이 아니라 하나님의 뜻을 따르고 살면 높아짐을 알기 때문이다.

하나님은 세상에 있는 자기 사람들을 사랑하시되 끝까지 사랑하신다. 예수님께서도 저녁 잡수시던 자리에서 일어나 겉옷을 벗고 수건을 가져다가 허리에 두르시고 이에 대야에 물을 떠서 제자들의 발을 씻으시며 내가 너희에게 행한 것 같이 너희도 행하게 하려 하여 본을 보였노라 말씀하신다.

배려와 섬김이 최고의 사랑이다. 희생과 사랑, 섬김이 있는 믿음의 공동체가 있고 섬김의 대상이 있다면 내 삶이 이 세상에서 가장 큰 아픔으로 살아간다 할지라도 위로가 되고 힘이 된다는 것을 다윗과 요나단의 삶을 보면서 알았다.

"무엇이든지 남에게 대접을 받고자 하는 대로 너희도 남을 대접하라."(마 7:12)

"너와 내가 말한 일에 대하여는 여호와께서 너와 나 사이에 영영토록 계시느니라 하니라."(삼상 20:23)

서로 대접하고 섬기며 같이할 수 있는 믿음의 공동체가 있어

기도는 호흡이다

서 함께 기도할 수 있고 하나님 안에서 같이 함께 섬기며 세워주며 살면 하나님께서 영영토록 함께 하시는 것을 요나단으로부터 배웠다.

> "누구든지 자기를 높이는 자는 낮아지고 누구든지 자기를 낮추는 자는 높아지리라."(마 23:12)

> "누구든지 첫째가 되고자하면 뭇 사람의 끝이 되며 뭇 사람을 섬기는 자가 되어야 하리라."(막 9:35)

> "끝자리에 앉으라."(눅 14:7)

세상 사람들은 사랑이 없어지고 자기 유익을 좇을지라도 우리는 가장 낮은 사람으로서 대접받기를 좋아하기보다는 배려하고 베푸는 사랑을 통해서 그리스도인으로서 끝까지 견뎌서 구원을 이루자. 맨 끝자리, 말석에 앉아 있는 가장 낮은 사람이라도 선을 행하고 덕을 쌓는 일이라면 서슴없이 행하자.

나는 참 행복하다. 자기를 높이는 자는 낮아지고 누구든지 자기를 낮추는 자는 높아지리라는 하나님 나라의 비밀을 알기 때문이다. 그리고 예수님으로부터 나는 섬김과 사랑을 배웠다. 그래서 나는 더 행복하다.

# 남편은 아내에게 참사랑을 하자

"여자들 중에 내 사랑은
가시나무 가운데 백합화 같도다"

하나님이 사람을 하나님의 형상대로 창조하시되 남자와 여자
를 창조하셨다.

남자와 여자가 만나서 결혼을 하여 부부가 되는 것은 사람이
혼자 사는 것이 하나님 보시기에 좋지 않기 때문이다. 이러므
로 남자가 부모를 떠나 그의 아내와 합하여 둘이 한 몸을 이
루고 산다.

"여호와 하나님이 여자를 만드시고."(창 2:22)

하나님은 남자를 돕는 배필로 아담에게서 취하신 그 갈빗대
로 여자를 지으셨다. 아담은 여자를 "내 뼈 중에 뼈요 살 중의
살이라" 했다.

기도는 호흡이다

남자가 아내를 얻는 사람은 복을 얻고 하나님께 은총을 받은 사람이다.

하나님의 은총은 받은 남편은 가정의 머리이고 제사장이므로 늘 기도해야 한다. 기도하는 남편은 하나님을 본받는 생활을 해야 한다. 그리해야 하나님이 세운 가정을 지킬 수 있다.

그리해야 성령님께서 내 안에 계시므로 성령님의 인도함을 따라 기도할 때 가정이 부르심에 합당한 열매를 맺을 수 있다.

"내 사랑하는 자는 내게 속하였고 나는 그에게 속하였도다."
(아 2:16)

하나님께서 부부를 하나로 지으셨다. 서로를 위해 겸손하고, 온유하고, 오래 참고, 참사랑 가운데 서로 용납하고 살면 부부는 하나가 되어 선을 이룬다. 결국 부부는 한 몸이므로 남편이 아내를 사랑한 것이 자기 자신을 사랑한 것이 되고 아름다운 가정을 세우게 한다. 부부는 가장 가까운 친근한 사이지만 가까울수록 예의범절을 지키고 서로 공경해야 한다. 그래야 사랑에 깊이가 있고 그 사랑은 쉽게 무너지지 않는다. 그 참사랑은 하나님의 뜻이다.

"남편들도 자기 아내 사랑하기를 자기 자신과 같이 할지니 자기 아내를 사랑하는 자는 자기를 사랑하는 것이라."(엡 5:28)

아내를 사랑하는 것은 내가 더 기쁨을 누리고 살려고 하는 것이 아니라 하나님과 부부가 함께 기뻐하고 하나님의 사랑을 실천하는 것이다. 부부는 오직 사랑 안에서 서로를 세우며 사는 기쁨이 있다.

하나님의 사랑을 받은 사람은 그 사랑을 앎으로 하나님이 사랑한 것같이 부부가 서로를 사랑하게 되고 부부는 늘 기쁘고 서로를 통해 하나님의 참사랑을 알게 될 것이다. 그러면 아내는 남편을 남편은 아내를 그리스도께 하듯 서로를 머리로 삼고 복종하고 존경할 것이다.

> "말과 혀로만 사랑하지 말고 행함과 진실함으로 하자." (요일 3:13)

특히 남편들은 기도하면서 참사랑의 비밀을 알면 눈가림으로 아내를 사랑하거나 기쁘게 하지 않고 그리스도의 종처럼 마음을 다하여 하나님의 뜻을 행하고 기쁜 마음으로 아내를 자기 몸처럼 사랑할 것이다.
아내도 남편처럼 할 것이다.

# 순종하는 삶

순종이 제사보다 낫다
하나님 말씀에 순종하지 않으면 개고생한다

하나님을 믿고 기도하지 않으면 순종하는 삶을 살 수 없다.
하나님이 아담을 에덴동산에 두어 그 땅을 경작하며 지키게
하시고 선악을 알게 하는 나무의 열매는 먹지 말라고 했다. 그
런데 아담과 하와는 이를 지키지 않고 선악과를 하나님은 아
담과 하와를 쫓아내었다.

야곱은 이삭과 리브가 사이에서 어머니 태속에서 싸우다가 쌍
둥이로 태어났다. 가나안땅 헤브론에서 살았다.
야곱은 떡과 팥죽으로 장자의 명분을 형 에서에게서 사고 이
삭이 나이가 많아 눈이 어두워 잘 보지 못하는 것을 이용해서
어머니 리브가는 이삭이 좋아하는 별미를 만들어 주었다.

야곱은 형 에서가 털이 많은 사람이라서 염소새끼의 가죽으로 손과 목에 붙이고 꾸며서 아버지를 속였다.

아버지는 에서의 손과 같이 털이 있으므로 분별하지 못하고 야곱을 축복했다.

아버지가 야곱에게 축복한 것을 형 에서가 알고 야곱을 죽이려고 하자 어머니 리브가가 그것을 알고 밧단아람 외갓집으로 보냈다. 야곱은 외삼촌인 라반의 집에 살면서 레아보다 곱고 아리따운 라헬을 사랑하여 아내로 삼기 위하여 7년 동안 라반을 위해 일했다. 하지만 라반은 아우를 먼저 시집보내는 것은 우리 지방에서는 하지 않는다는 이유를 들어 레아와 결혼하게 했다.

야곱은 라헬과 결혼하기 위해 다시 7년을 라반을 위해 일했다. 야곱의 욕심 때문에 7년을 다시 고생한 것이다. 레아에게 있는 하나님의 뜻과 계획은 헤아리지 않고 눈에 보이는 라헬의 곱고 아리따움만 보고 아내를 선택함으로 7년을 더 허송세월했다.

야곱은 밧단아람에서 20년간 살다가 그곳을 떠나 목축에 적합한 세겜땅 헤브론에서 장막을 치고 살았는데 기근이 들어 요셉을 따라 애굽 고센땅에 가서 17년을 살다 가나안땅에 장사지내 달라고 유언을 남기고 죽었다.

기도는 호흡이다

"야곱이 바로에게 고하되 내 나그네 길의 세월이 일백 삼십년이 니이다. 나의 연세가 얼마 못되니 우리 조상의 나그네 길의 세월 에 미치지 못하나 험한 세월을 보내었나이다." (창 47:9)

야곱은 욕심이 많고 간교한 사람으로서 하나님을 믿을 수 있 는 좋은 기회가 여러 번 있었지만 하나님 나라와 하나님 말씀 을 깨닫지 못하고 하나님을 믿고 의지하는 삶을 보여주지 못 했다. 그래서 야곱은 험악한 세월을 보냈다고 고백했다. 그러 나 하나님은 야곱에게 많은 복을 주셨다. 꿈에서 하나님의 사 자를 보았고 아브라함과 이삭에게 약속한 땅을 주겠다고 했 고 하나님이 함께 있겠다, 은혜를 베풀겠다. 하였으며 애굽에 서 큰 민족을 이루게 하겠다고 약속하셨다.

하나님은 야곱에게 많은 복을 주셨지만 야곱은 하나님의 뜻 을 따르지 않았다. 자기 소견에 옳은 대로 살 때가 많았다. 순 종하는 삶을 살지 못했다.

"사무엘이 이르되 여호와께서 번제와 다른 제사를 그의 목소리 를 청종하는 것을 좋아하심 같이 좋아 하시겠나이까 순종이 제 사보다 낫고 듣는 것이 숫양의 기름보다 나으니 이는 거역하는 것은 점치는 죄와 같고 완고한 것은 사신 우상에게 절하는 죄와 같음이라." (삼상 15:22~23)

하나님께서는 하나님께 제사를 드리려고 소와 양을 끌어다가 마음에도 없이 보여주려고 제사를 드리는 것보다 하나님 말씀을 듣고 순종하는 것이 낫다고 하신다. 하나님의 말씀을 잘 듣고 행하는 것을 원하시는 것이다. 순종하지 않으면 우상숭배고 죄 짓는 것이다. 하나님의 명령을 듣는 것이 훨씬 좋다.

우리의 삶도 아담과 하와, 야곱의 삶과 같을 수 있음을 생각하면서 하나님께 순종하는 삶, 하나님께 모든 일을 기도로 맡기는 결단이 필요하다.

# 전염병 코로나19와 예배

## 모이기를 힘쓰라

전염병은 병원체가 동물에서 사람으로 침입하여 전파하거나 사람으로부터 사람으로 전파하는 질환을 말한다. 전염병이 확산되면 고통은 물론이고 생명을 잃게 되고 사회가 큰 혼란에 빠진다.

역사적으로 전염병을 살펴보면 흑사병(페스트), 결핵, 스페인독감, 사스(SARS), 메르스(급성호흡기감염병), 2020년 최근에 유행하는 코로나19 등 무서운 전염병들이 있다. 흑사병으로 약 4년 동안 그때 당시 유럽인구의 1/3이, 스페인독감으로는 1차 세계대전 때 죽은 목숨보다 더 많이 죽었다고 한다. 전염병은 굉장히 무서운 병들이다.

출애굽기에 보면 나일 강물이 피로 변하는 재앙, 티끌이 이로 변하고 파리가 가득하고 가축들이 죽고 우박이 내리고 메뚜

기가 애굽 온 땅을 덮어 채소와 나무 열매를 다 먹어 아무것도 남지 않게 했다.

요즘 유행하는 코로나19는 기침, 재채기를 하거나 말을 할 때 침에 바이러스가 묻어 나와 공기 중으로 전파되는 침방울감염으로 이뤄진다. 수많은 사람들이 목숨을 잃고 공포에 떨고 있다. 제4차 산업혁명 시대 인공지능을 포함하여 최첨단을 걷는 의료기술과 시설이 있는데도 전염병을 막는 데는 역부족이다. 감염군에 속하는 사람은 격리 조치하고 사회적 거리두기를 하여 사람 간의 접촉을 줄이고 각종 집회나 소규모 모임도 제한하고 있다.

특히 교회는 대면예배를 드리지 못하고 있다.
교회는 하나님을 섬기는 사람들이 모이는 그리스도인의 공동체이다. 예배를 드리는 곳, 하나님 말씀을 가르치고 배우며 성도들 간에 서로 교제하고 나누고 서로의 형편을 살피며 섬기는 곳이다. 코로나19 때문에 성도가 모이지 못하고 우리의 일상인 공동예배를 드리지 못하고 있다.
왜 우리에게 무서운 신종코로나 바이러스감염증 등 전염병이 있는지 생각해 보았다.

기도는 호흡이다

첫째는 인간들이 생태계를 파괴함으로 기후환경이 변화되어 야생에서 살아가는 동물들이 서식지나 종이 달라져서 자연적으로 질병이 발생하고 동물을 도축하여 유통하는 과정에서 나온 균, 바이러스들이 동물이나 사람들에게 옮겨져 발생하는 전염병일 가능성이 높다. 인간들이 하나님이 창조하신 창조질서(생태계)를 파괴하고 훼손하므로 발생하는 것임을 깨달을 수 있도록 경고하는 것이라고 생각한다.

둘째로 교회가 세상 풍속을 따라 세속화되어 가고 있다.
교회가 성장하여 숫자적으로는 부흥하였으나 속으로는 병들어 진정한 예배가 없음을 본다. 코로나19가 확산하여 교회 모임을 못하는 이때를 우리는 기회로 삼아야 한다. 형식에 따라 외식하는 예배가 아니라 하나님 말씀을 중심으로 진정한 예배를 드릴 수 있는 좋은 기회이다.
우리 안에 하나님의 영이 있으니 누구든 진정한 하나님의 자녀로 거듭날 것이다. 교회도 성령이 충만한 교회로 될 것이다.

셋째는 가정을 바로 세우는 예배가 되라는 명령이다.
바벨의 족속들은 성읍과 탑을 건설하여 하늘에 닿게 하고 그들의 이름을 빛내려고 하였다. 하나님 없이 자기들 스스로 주인이 되고자 하였다. 이들을 지켜보시던 하나님께서는 그들의 언어가 하나뿐이었는데 언어를 혼잡하게 만드시고 그들을 온 땅에 흩어놓으셨다. 하나님을 떠나 거대한 성을 쌓아 왕국을 건설하려던 그들의 계획은 무산되고 말았다. 이 성을 바벨탑 이라고 부른다.

바벨탑 사건을 보면서 오늘날 우리 교회를 생각해보자. 우리 도 내가 스스로 주인 되고자 하고 내 이름을 빛내려고 한다. 그래서 코로나19가 교회에 모일 수 없도록 흩어지도록 만든 것이다. 이때 우리는 작은 교회 즉 가정에 모여서 우리의 믿음 상태를 돌이켜 보고 가정공동체를 바르고 튼튼하게 세우는 기회를 하나님이 주셨다고 생각하자.

이 모습이 초대교회의 모습일 수 있다. 주일이 되면 교회에서 예배를 드리지만 교회 안에서도 장년부, 청년부, 소년부, 영아 부 등으로 나누어 예배를 드리다 보니 그동안 부모와 자식 간 에 형제자매간에도 함께 예배를 드리는 기회가 없었다. 작은 가정교회 안에서 부모와 자녀들이 함께 예배드리고 성경공부 를 하고 교제하면서 일주일 동안의 삶을 살펴보고 함께 성장 하고 서로 세워가며 건강한 가정공동체로 회복하는 기회로 삼는 코로나19가 되길 바란다.

가정공동체가 바로 서면 지역교회는 더욱더 거룩한 하나님의 성전이 될 것이라고 확신한다.

> "주 여호와께서는 자기의 비밀을 그 종 선지자에게 보이지 아니
> 하시고는 결코 행하심이 없으시리라."(암 3:7)

넷째는 하나님의 비밀을 알게 하시려고 신종코로나바이러스 감염증이 돌고 있는 것 같다.

돌아오지 않는 이스라엘 백성들에게 애굽에 한 것처럼 전염병을 돌게 하여 하나님께 돌아오게 하려고 하니 우리는 하나님 만나기를 준비해야 한다.

> "너희는 나를 찾으라. 그리하면 살리라."(암 5:4)

에덴동산의 생명나무와 선악을 알게 하는 나무, 노아의 홍수, 바벨탑에서 언어를 혼잡하게 하고 사람들을 흩어버린 사건, 소돔과 고모라의 멸망, 애굽의 기근, 바로 왕의 10가지 재앙 등등… 위의 사건과 재앙에 숨겨진 이야기는 하나님 나라의 비밀을 이야기하고 있다. 사람들이 하나님을 찾지 않고 하나님께 돌아오지 않고 하나님께 불순종하면 하나님의 심판이 있음을 보여줬다.

> "하나님의 뜻대로 고난을 받은 자들은 또한 선을 행하는 가운데
> 그 영혼을 미쁘신 창조주께 의탁할 지어다."(벧전 4:19)

코로나19를 단순한 전염병으로 보지 말고 하나님이 우리에게 주시는 메시지가 무엇인가를 알고 하나님의 뜻을 곱씹어보고

선을 행하고 하나님께로 돌아가자. 하나님의 긍휼과 자비를 기도로 구하자.

> "날마다 마음을 같이 하여 성전에 모이기를 힘쓰고"(행 2:46)

> "모이기를 폐하는 어떤 사람들의 습관과 같이 하지 말고"(히 10:25)

다섯째는 같은 마음으로 모이기를 힘쓰라는 것이다. 그 의미는 무엇일까. 코로나19로 전염병이 세계로 확산되어 수십만 명이 죽어가고 있는데 교회에 모이는 것이 온당할까. 정부에서는 사회적 거리두기로 옥내 5인 이상 집합금지 명령에도 불구하고 일부 교회는 예배를 드리고…

> "각 사람은 위에 있는 권세들에게 복종하라. 권세는 하나님으로부터 나지 않음이 없나니 모든 권세는 다 하나님께서 정하신 바라. 그러므로 권세를 거스르는 자는 하나님의 명을 거스름이니 거스르는 자들은 심판을 자취하리라."(롬 13:1~2)

교회에 함께 모여 예배를 드리고 찬양하고 교제하고 나누는 일은 귀한 것이지만 전염병 때문에 정부에서 방역수칙을 지키고 대면예배를 중단할 것을 권고하면 교회는 순복할 필요가 있다. 대신 왜 이런 사태가 왔는지, 하나님은 왜 모이기를 힘쓰라 하는지를 기도하면서 모든 사람들 앞에 선한 일을 도모하자.

모이기를 힘쓰라는 것은 그리스도 안에서 마음을 같이하라. 믿음을 잃지 않고 마음이 하나 되어 굳건히 서라는 뜻이다. 모이지 않는 사람 즉 믿음이 없는 사람들의 태도와 마음가짐을 꾸짖는 것이다. 물리적 공간인 교회에 모여서 기도하는 것도 중요하고 좋지만 그 전에 하나님의 마음을 같이해야 한다.

> "세월이 지난 후에 가인은 땅의 소산으로 제물을 삼아 여호와께 드렸고 아벨은 자기도 양의 첫 새끼와 그 기름으로 드렸더니 여호와께서 아벨과 그의 재물은 받으셨으나 가인과 그 제물은 받지 아니하신지라."(창 4:4~5)

교회 안에서 하나님의 마음은 없고 일상의 삶에서는 삶의 예배를 드리지 않고 그러한 형식적인 예배와 찬양은 하나님이 거부하신다. 가인과 아벨은 하나님께 똑같이 제사를 드렸지만 하나님께서 아벨의 제사는 받으셨고 가인의 제사는 받지 않으셨다. 하나님은 예배하는 자가 영과 진리(신령과 진정)로 예배를 드렸는지를 보신다. 예배당에 모이는 것이 중요한 것이 아니라 어디서든지 예배를 드릴 때 하나님 앞에 신령과 진정으로 예배드리는 것이 중요하다. 그러나 교회에 모이기를 힘쓰라.

# 회 상

## 나의 하나님을 너무 늦게 만난 것이 아쉽다

세상에 태어나서 60년이 지난 세월을 되돌아보면 나는 없었다. 내가 나 된 것은 하나님의 은혜다.

경상남도 남해에서 8남매 중 장남으로 태어났다. 그 당시 고향은 섬마을 척박한 땅이었다. 이웃마을 주민들 대부분이 주로 고기잡이 일을 했는데 우리 집은 농사일만 했다. 배고프고 가난한 어린 시절을 떨쳐 버리고 부자로 잘사는 길은 오직 공부를 열심히 하는 길이라고 생각했다. 그래서 1979년 대학을 진학하기 위해 서울로 상경했다.

서울에서의 생활은 더욱 비참했다. 아무런 연고도 없이 공부하겠다고 혈혈단신 서울에 왔으니 그랬다. 어렵게 서울 생활

기도는 호흡이다

을 시작했는데 1979년 10·26 사태, 12·12 사태, 1980년 5·17 비상계엄령 전국 확대 및 휴교령, 5·18 광주민주화운동 등 사회는 혼란스러웠다. 신군부세력은 권력을 잡기 위하여 쿠데타를 일으키고 지식인들을 비롯한 학생, 젊은 청년들은 신군부와 최루탄가스에 저항하면서 연일 데모를 일삼았다.

그중 한 사람이었던 나도 신군부세력에 저항하면서 광화문사거리, 종로거리에서 데모 군중 속에 묻혀서 데모대열에 합류해 시위를 했다. 어느 날 왼쪽 손목을 자해를 해서 심하게 다치고 말았다. 동맥이 잘리고 인대가 끊어져 출혈이 심했다. 심한 출혈로 쓰러졌고 혼수상태에 빠져 생명이 위독한 상태에 이르기도 했다.


1985년 철도청에서의 직장 생활은 초창기 2~3년을 빼고는 노동운동가로 활동했다. 공무원으로서 노동쟁의행위를 할 수 없음에도 불구하고 법외노조인 임의단체를 결성하여 노동운동을 한 것이다. 노동운동, 파업참가, 수배, 도피, 징계, 전출 등 그리고 가난한 생활을 하면서 전전긍긍했다. 힘들고 어려운 직장 생활 그리고 노동운동은 9년 7개월 만에 마감했다. 그 후 1995년 전국동시지방선거에 출마하여 마포구의원이 되어서 의정 활동을 했다. 의정 활동을 하는 동안 원칙과 소신을 가지고 열심히 했다.

의정 활동 중이던 2003년 6월 11일 저녁, 나는 119구급차에 실려서 병원 응급실로 갔다. 병명은 외상성 뇌출혈(뇌에 충격으로 인한 뇌손상). 혈압 등 모든 것이 정상인데 화장실 바닥이 미끄러워 넘어지면서 일어난 사고였다. 사고 후 3일째 되는 날 의식불명, 혼수상태 그리고 일반 병실에서 중환자실로 이동 등 등…. 10일 이상을 의식이 없어 깨어나지를 못했다.

많은 시간이 지난 후 회복되었다. 한마디로 기적이었다. 많은 날들을 살지 않았지만 죽은 목숨이 살아났으니 모질고 질긴 생명이다. 파란만장한 삶이었다. 그러나 내 삶은 내가 이끌어온 것 같지만 하나님이 이끌었고 사회가 끌어 왔고 열심히 살았지만 남은 것은 아무것도 없다. 후회와 부끄러움만 있을 뿐이다. 이분법적인 논리와 편협한 생각으로 나와 다른 생각을 가진 사람은 배척하고 내 주장을 펼치며 살았던 세월이 후회스럽고 부끄럽다. 하나님을 알고 있었지만 너무 늦은 나이에 하나님을 만나고 하나님을 사랑한 것이 가장 후회스럽고 아쉽다.

하나님을 만나고 하나님이 하나님 됨을 인정하고 하나님을 믿는 믿음과 기도가 내 삶을 멈추고 나와 내 주변을 돌아보게 했다. 먹고사는 것이 바빠서 세상 것들에 매여 살았으므로 그

동안 보지 못한 것이 너무 많았다. 열심히 산 것은 여러 가지 이유가 있었다. 그 중에 돈이 있었지만 정작 가장 필요한 것은 돈이 아니라는 것을 하나님을 만나고 깨달았다.

꽃보다 아름다운 것이 단풍이라고 생각한다.
인생길에서 가을에 접어들었다. 지금에서야 나를 볼 수 있게 되어 다행이다. 지금부터라도 남은 인생을 소유가 목적인 삶이 아니라 삶의 가치를 바꾸어 내 삶을 아름답게 꾸미고 싶다.

왜 젊었을 때는 몰랐을까? 나를 바라보게 된 것도 오랜 세월이 걸렸다. 故 김수환 추기경께서 머리에 생각이 가슴까지 오는 데 한평생이 걸렸다고 한다.
부귀영화를 누리는 것 등등… 모든 힘을 그곳에 쏟고 그곳만 바라보고 살았기 때문에 나를 볼 수 없었다. 그리고 지식적으로는 알지만 마음으로는 알지 못해서 어리석고 부끄러운 삶을 살았다. 이제는 아름다운 삶을 살겠다.

아름다운 삶은 하나님의 아들로서 부끄럽지 않은 삶이다. 머릿속 생각을 마음으로 옮겨서 하나님의 마음으로 이제는 나이가 들어서 내려놓을 것도 사실 없지만 내가 가진 모든 것 내려놓고 나보다 힘없고 가난하고 소외된 사람들을 위해 섬기며 나누고 베푸는 삶을 살고 싶다. 특히 아내가 신학대학교를 졸업하여 목회자가 되면 농촌가정 사역을 하는 데 조금이나마 돕는 배필이 되고 싶다.

> "어떤 길은 사람이 보기에는 바르나 필경 사망의 길이니라."
> (잠 14:12)

> "말씀을 멸시하는 자는 자기에게 패망을 이루고 계명을 두려워하는 자는 상을 받으리라."(잠 13:13)

그동안 무엇을 위해 바쁘게 살았나 싶습니다.

이제는 모든 무거운 짐은 내려놓고 남은 길은 내가 봐서 좋은 길이 아니라 하나님께서 보시기에 좋은 길로 들어서서 하나님께 받은 사랑을 베풀고 사랑이 있는 인간관계를 회복해서 나누면서 살겠습니다.

머리가 백발이 되고 몸은 늙어서 쇠약하게 되겠지만 하나님의 말씀을 전하는 늙은이가 아니라 하나님의 아들로서 하나님 자녀답게 사는 모습을 보여 드리겠습니다.

하나님의 뜻과 인도함을 따라 살겠습니다.

끝까지 하나님 자녀로 지켜 주시고 함께 동행해 주시길 기도합니다.

≋

그리스도인은 세상에 속한 사람으로 살지만 세상과 구별된 삶을 살 수 있는 것은 기도를 통해서 가능하다는 것, 나의 성품과 인격의 그릇이 확장되거나 깨끗하게 되는 것은 기도를 통해 가능하다는 것을 새삼 더 알게 되었다.

세상에서 그 어떤 삶보다 하나님과 교제하면서 사귀는 삶이 더 달콤한 것이라는 것을 알고 살고 이 세상이 하나님 나라라는 것을 경험하면 우리는 기도하지 않을 수 없다.

기도는 호흡이다. 기도하지 않고는 살 수 없다.

또한 기도는 하나님과의 사귐이고 하나님과의 사귐은 하나님과의 사랑이고 하나님의 사랑을 알고 느끼면 누가 그 사랑을 놓겠는가? 하나님과의 사귐 속에서 그 사랑을 알면 기쁨을 발견할 수 있고 행복하다.

고난과 시련 고통과 슬픔 속에서도 위로받을 수 있는 시간은 기도하는 시간이다. 기도를 가볍게 여기지 말고 매 순간마다 상투적으로 기도하지 말고 뜨겁게 열정을 가지고 하자. 내 좋을 대로 기도하지 말고 하나님 뜻대로 기도하자.

그 수고가 헛되지 않고 하나님 곁으로 가까이 다가갈 것이다.

그리고 모든 것을 이룰 것이다.


『기도는 호흡이다』를 통해서

하나님이 원하시고 기뻐하시는 기도를 하시길 원합니다.

또한 하나님이 내 안에서 행하시고 이루시는 기도를 원합니다. 하나님이 선하심을 맛보아 알아가기를 원합니다.

자기 스스로에게 참된 그리스도인으로 사는 것을 칭찬하고 격려하면서 아름다운 삶을 가꾸시길 원합니다.


오늘도 하나님의 말씀은 살았고 능력이 있어 어느 곳에서든지 진지하게 그 말씀을 읽고 듣는 자 그리고 기도하는 사람에게 은혜를 베풀어 주시고 영원한 생명을 허락해 주십니다.

그러므로 오늘날 교회의 외적인 화려함 가운데서 자칫 소홀히 하기 쉬운 '성경'의 의미와 기도의 가치를 우리가 다시 생각하고 옛날 믿음의 선배들이 가졌던 기도에 대한 사랑과 열정을 이 시대에 다시금 불러일으키도록 『기도는 호흡이다』를 읽은 독자 여러분이 힘써주시면 좋겠다는 바람이 있습니다.

한 가지 더 바람이 있다면 제 남은 인생에 새로 새겨질 이야기들을 꿈꾸며 죽을 때까지 하나님의 말씀을 전하는 전도자가 되길 원합니다.

선하시고 인자하신 하나님, 내 모든 것은 하나님의 것입니다,
전심으로 하나님께 의탁하고 하나님을 사랑합니다.
하나님의 뜻대로 저를 사용하여 주소서.
예수님 이름으로 기도합니다.
아멘.